1158

Das Buch

»Helmut Schmidt raucht ja nicht nur Zigaretten. Jedes Mal bringt er Schnupftabak mit und trinkt dazu Kaffee mit Milch und extra viel Zucker. Unsereins würde angesichts dieser Dröhnung wie Rumpelstilzchen durch die Flure hüpfen. Schmidt dagegen ist dann überhaupt erst auf Betriebstemperatur.« *Giovanni di Lorenzo im SPIEGEL*
Mehr als eineinhalb Jahre lang hat Giovanni di Lorenzo den Altkanzler jeden Freitagmittag auf eine Zigarette in sein Büro am Hamburger Speersort gebeten. Dann begann das Wortgefecht, ein Wechselspiel von Zeigen und Verbergen, Provozieren und Zurechtweisen, Anschauung und Analyse, das mehr als eine Million alter wie junger Leser der ZEIT begeistert hat: Viele von ihnen haben die Lektüre ihres Blattes jede Woche mit dem Magazin begonnen – ganz hinten auf der letzten Seite. Die Interviews dauerten mal zehn Minuten, mal auch eine Stunde, und danach blieben die Fenster im Büro des Chefredakteurs immer übers ganze Wochenende geöffnet. Damit sich der Rauch verzog. Übrig blieb eine einzigartige Mischung aus Politischem, Privatem und erlebter Geschichte: von Schmidts Wut auf Investmentbanker über den Walzer, den er einst mit Gracia Patricia tanzte, bis hin zu seiner Schulzeit mit Loki.
Es gibt keinen zweiten Politiker in Deutschland, von dem man dergleichen so gern lesen möchte. Doch Helmut Schmidt ist nicht nur der berühmteste Raucher der Republik, er ist ein Zeuge des 20. Jahrhunderts, dessen Autorität bis heute ungebrochen ist. Hier leistet sich noch jemand ganz furchtlos eine Meinung – manchmal brachial vorgetragen, meistens aber mit diskretem hanseatischen Charme.
Diese Ausgabe enthält fünf bisher in Buchform unveröffentlichte Gespräche, u. a. zu den Feierlichkeiten rund um Helmut Schmidts 90. Geburtstag.

Die Autoren

Helmut Schmidt, geboren 1918 in Hamburg, war von 1974 bis 1982 Bundeskanzler der Bundesrepublik Deutschland und ist seit 1983 Mitherausgeber der Wochenzeitung *DIE ZEIT*. Schmidt, der am 23. Dezember 2008 seinen 90. Geburtstag feierte, ist bis heute im In- und Ausland als »elder statesman« und Publizist hochgeachtet, seine politischen Urteile und historischen Erfahrungen gewichtig und gefragt.

Giovanni di Lorenzo, 1959 in Stockholm geboren, arbeitete nach Abschluss des Studiums in München zunächst als politischer Reporter und Leiter des Reportageressorts »Die Seite Drei« bei der *Süddeutschen Zeitung*. Seit 1989 moderiert er die Fernsehtalkshow *3 nach 9* von Radio Bremen. 1999 wurde er zum Chefredakteur der Berliner Tageszeitung *Der Tagesspiegel* berufen. 2004 wechselte er als Chefredakteur zur Wochenzeitung *DIE ZEIT*.

Helmut Schmidt / Giovanni di Lorenzo

Auf eine Zigarette
mit Helmut Schmidt

Kiepenheuer & Witsch

Verlag Kiepenheuer & Witsch, FSC-N001512

15. Auflage 2011

© 2009, 2010 by Verlag Kiepenheuer & Witsch, Köln
Alle Rechte vorbehalten. Kein Teil des Werkes darf in irgendeiner Form
(durch Fotografie, Mikrofilm oder ein anderes Verfahren) ohne schrift-
liche Genehmigung des Verlages reproduziert oder unter Verwendung
elektronischer Systeme verarbeitet, vervielfältigt oder verbreitet werden.
Umschlaggestaltung: Barbara Thoben,
Köln, nach einer Idee von Rudolf Linn, Köln
Umschlagmotiv: Rudolf Linn, Köln
Autorenfotos: © Karin Rocholl
Gesetzt aus der URW Garamond und der URW Bodoni
Satz: Buch-Werkstatt GmbH, Bad Aibling
Druck und Bindearbeiten: GGP Media GmbH, Pößneck
ISBN: 978-3-462-04215-3

Den Kolleginnen und Kollegen bei der ZEIT

»Was Sie mich wieder sagen lassen«

Über die Zigarettengespräche mit Helmut Schmidt

Mit Helmut Schmidt fast jede Woche ein Gespräch zu führen ist jedes Mal ein Erlebnis. Das beginnt bei den Präliminarien: Die Treffen finden zumeist freitags statt, nach der Politik-Konferenz im Hamburger Pressehaus der ZEIT; dann macht Helmut Schmidt auf dem Rückweg zu seinem Büro, das am anderen Ende eines schier endlosen Flures im sechsten Stock liegt, Station in der Chefredaktion.

Sein erster Blick gilt stets den Fenstern in meinem Büro, die fast immer aufgeklappt sind. Leise sagt er: »Mach doch bitte die Fenster zu.« Er fürchtet die Geräusche der Straße, weil er nur noch auf dem linken Ohr hört, und auch das nur eingeschränkt. Er bittet um eine Tasse Kaffee mit viel Milch und sehr viel Zucker, nimmt auf einem Drehstuhl Platz, legt eine Packung Reyno Menthol auf den Tisch (man wundert sich immer wieder, dass es die noch gibt). Dann zündet er sich eine Zigarette an. Will man ihm Feuer geben, wehrt er ab: »Lass mal, hab ich selber.« Bald holt er sein Döschen Schnupftabak aus dem Jackett, nimmt eine erste Prise. Schmidt kommt allmählich auf Betriebstemperatur.

An diesem Ritual änderte sich auch dann nicht viel, wenn ich Helmut Schmidt ausnahmsweise nicht in meinem, sondern in seinem Büro bei der *ZEIT* oder im Arbeitszimmer seines Bungalows in Hamburg-Langenhorn interviewte.

Schmidt fällt aus jeder Norm, das gilt beileibe nicht nur für seinen Nikotin- und Koffeinkonsum und nicht einmal ausschließlich für sein einzigartiges Urteilsvermögen und seine Themenbreite. Schon wenige Wochen nach dem Start der Serie im neu gegründeten *ZEIT*-Magazin redete er so, als sei das Kurzinterview für ihn die selbstverständlichste Gesprächsform der Welt. Zugleich aber brauchte er lange, um sich mit der Idee eines solchen Interviews wirklich anzufreunden, und ein Rest Misstrauen blieb bis zum letzten Gespräch. »Was Sie mich wieder sagen lassen«, murmelte er nach unseren ersten Treffen sanft tadelnd, wenn er den Raum verließ, und meinte damit vor allem die Kürze der Antworten, die dieses Format ihm abnötigte, auch wenn es um ausgesprochen schwierige Themen ging. Und in seinem Buch »Außer Dienst« gesteht der Altkanzler inmitten eines medienkritischen Abschnittes fast entschuldigend ein, dass die Zigarettengespräche ja auch der Unterhaltung dienten.

Das Publikum hatte gegen diese Art der Unterhaltung nichts einzuwenden: Die Idee meiner *ZEIT*-Kollegen Christoph Amend und Matthias Naß (der auch drei der in diesem Band abgedruckten Gespräche geführt hat) funktionierte glänzend. In Scharen bekundeten Leserinnen und Leser, dass sie die Lektüre der *ZEIT* auf der letzten Seite des Magazins begännen, dort, wo »Auf eine Zigarette mit Helmut Schmidt« insgesamt neunzig Mal erschienen ist. Derlei Wirkung blieb auch ihm nicht verborgen, er wurde ja in seinem Freundeskreis darauf angesprochen.

So fügte er sich langsam in das Frage- und Antwort-Spiel, voller Loyalität gegenüber der ZEIT-Redaktion, die sich wünscht, möglichst viel Helmut Schmidt im Blatt zu haben. Mit viel Sprachgefühl, auch pointensicher, machte er sich jedes Mal an die Bearbeitung der Interviews, die ich ihm zur Autorisierung vorlegte. Die Entschiedenheit seiner Meinung indes schwächte er nur ganz selten ab.

Vielleicht liegt darin auch der wichtigste Grund für den Erfolg der Gespräche, überraschenderweise gerade bei jungen Leuten: Hier leistet sich jemand noch eine Meinung – auch auf die Gefahr hin, selbst seine Anhänger gelegentlich vor den Kopf zu stoßen. Auf die Frage, ob er nicht allein deswegen das Rauchen in der Öffentlichkeit einstellen müsste, weil er für viele Menschen in Deutschland ein Vorbild sei, antwortete er: »Politiker sollen auf ihrem Felde Vorbild sein, aber nicht auf sämtlichen Feldern menschlichen Lebens. Das ist zu viel verlangt.« (Siehe Seite 123) Er selbst würde das große Echo wahrscheinlich anders interpretieren, amüsiert auf seine »schönen weißen Haare« verweisen, was aber etwas Ähnliches meint: Die Sehnsucht nach Leitfiguren, denen man noch vertrauen darf, ist in Deutschland unermesslich groß. Keiner scheint sie so sehr zu erfüllen wie Helmut Schmidt.

Im Übrigen gesteht er auch seinen Gesprächspartnern die Freiheit der Meinung zu. Nie hat er mir eine Frage übel genommen, gelegentlich aber sehr heftig widersprochen. Viel schlimmer war es, wenn er auf eine Frage erst einmal eine halbe Ewigkeit gar nichts sagte – oder nur mit »Ja« oder einem schnoddrigen »Nee« antwortete. Es ist neben der einzigartigen Mischung aus Politischem,

Privatem und erlebter Geschichte auch dieser Ton, der die Zigaretten-Interviews von den vielen anderen Publikationen von und über Helmut Schmidt unterscheidet. Nur die Kraftausdrücke, die ihm zu Beginn unserer Gespräche noch ganz selbstverständlich von den Lippen gingen, schwächte er mit der Zeit ein wenig ab. Als ihm das eines Tages vorgehalten wurde, erklärte er: »Meine Mitarbeiter sagen, das gehört sich nicht.«

Mit Erscheinen dieses Buches endet die Gesprächsreihe im ZEIT-Magazin – zum großen Leidwesen der Redaktion, aber auf Wunsch von Helmut Schmidt, dem der Zeitaufwand auch zu einer Last geworden ist. Diese Ausgabe enthält eine Auswahl der besten Gespräche, ergänzt durch ein Interview, das bislang unveröffentlicht ist. Es geht darin um Liebe und Tod; ich hatte lange nicht den Mut, Helmut Schmidt darauf anzusprechen.

Am Ende unserer Gespräche bleibt auch ein Bild: Wie Helmut Schmidt sich nach den Interviews unter Schmerzen erhebt, seinen Stock greift und langsam aus dem Zimmer und zurück in sein Büro geht. Er hat stets jede Hilfe abgelehnt.

Giovanni di Lorenzo, im Dezember 2008

»Auf eine Zigarette mit Helmut Schmidt« wäre nie zustande gekommen ohne die Mitarbeit von Sabine Gülerman, Angela Holz, Marcus Krämer, Birgit Krüger-Penski, Rosemarie Niemeier und Jan Patjens. Ihnen allen danke ich von Herzen.

»Lob ist, wenn er gar nichts sagt«

Ein Gespräch mit der Sekretärin
von Helmut Schmidt

Liebe Rosemarie Niemeier, wenn ich in Ihr Sekretariat komme, um Helmut Schmidt zu besuchen, denke ich jedes Mal: Da haben sich aber zwei gefunden!
Sie meinen doch sicher das Rauchen?

Schon im Flur, viele Meter vor Ihren Büros, strömt einem der Rauch entgegen.
Es war kein Einstellungskriterium, Raucherin zu sein. Aber wenn wir zum Beispiel auf Reisen sind, haben wir auf Flughäfen das gleiche Problem.

Wer von Ihnen raucht denn mehr?
Ich würde sagen, Helmut Schmidt. Übrigens kommen auch viele Leute hier rein und sagen: »Oh, was riecht das hier gut!«

Helmut Schmidt mag zwar mehr rauchen, aber Sie haben die stärkeren Zigaretten.
Stimmt. Und ich rauche ohne Filter. Er sagte mal, er habe ja nichts dagegen, dass ich rauche, ich dürfe aber nur halb so viele Zigaretten rauchen wie er, weil meine doppelt so schädlich seien.

Sie gelten im ganzen Haus als die Sekretärin, die

politisch am weitesten links steht. Wie geht das mit dem relativ konservativen Helmut Schmidt zusammen?

So konservativ ist er gar nicht, er ist schon sehr aufgeschlossen. Aber früher habe ich ihn nicht gewählt und war froh, als die Grünen kamen.

Sie studierten in den Sechzigerjahren Soziologie und Politik und waren bei vielen Demos dabei. Und dann haben Sie ausgerechnet für Springer gearbeitet!

Ich wollte Journalistin werden und möglichst viele Zeitungen von innen kennenlernen. Ich habe in den Semesterferien für Springers Sohn gearbeitet, Sven Simon. Das war natürlich noch vor der Terrorzeit, aber ich bin ja auch friedlich! Früher hätte ich die *Bild*-Zeitung nicht mal mit der Kneifzange angefasst. Seitdem lese ich sie aber.

Da haben Sie ja mit Helmut Schmidt etwas gemeinsam, der liest die *Bild* auch.

Ich gebe es aber zu.

Wissen Sie, welche Frage ich am häufigsten höre, aber im Gegensatz zu Ihnen nicht beantworten kann? Sie lautet: Wie oft kommt Helmut Schmidt in die Redaktion?

Drei- bis viermal in der Woche. Wenn er nicht selber kommt, schickt er eine Tasche voll Arbeit.

Können Sie seine Handschrift gut lesen?

(Lacht) Dazu kann ich Ihnen was erzählen: Wenn er ein neues Buch schreibt, gibt er sich meistens »Arbeitsurlaub«, ein von ihm erfundenes schönes Wort. Dann schreibt er alles mit der Hand, und seine Sicherheitsleute müssen das faxen. Ungefähr zwei Stunden später ruft er mich an: »Haben Sie mein Fax bekommen?« Auf Deutsch: Wie weit sind Sie? Etwa fünf Stunden später fragt er: »Können Sie meine Schrift lesen?« Übersetzung: Jetzt müsste ich den Text aber bald bekommen! Ich weiß nicht, wie viele Millionen Seiten von ihm ich schon abgeschrieben habe. Ich habe ja alle seine Bücher getippt!

Ich habe ihn mal gefragt, ob er auch loben kann ...
 ... nee!

Er hat mit großer Entschiedenheit Ja gesagt!
 Lob ist, wenn er gar nichts sagt.

Kennen Sie Seiten von Helmut Schmidt, über die Sie für immer schweigen werden?
 Ja! Das ist jetzt auch Wichtigtuerei, aber es stimmt.

Sie mögen ihn!
 Auf jeden Fall. Ich habe ihn früher nicht für ein Wesen aus Fleisch und Blut gehalten. Das tue ich jetzt. Obwohl er wirklich wenige Schwächen zeigt. Kennen Sie zum Beispiel die Hauptstadt von North Dakota?

Natürlich nicht.
 Bismarck heißt sie. Ich habe ihn das einmal gefragt. Unglaublich, aber wahr: Helmut Schmidt wusste das!

Im ZEIT MAGAZIN veröffentlicht am 11. Dezember 2008

Meinetwegen auf dem Mond

Über Gipfeldiplomatie

Als Sie 1975, zusammen mit Valéry Giscard d'Estaing, den ersten Weltwirtschaftsgipfel in Rambouillet einberiefen, hätten Sie sich damals vorstellen können, dass es mal zu Massendemonstrationen und Ausschreitungen kommen würde, ganz egal, wo der Gipfel stattfindet?

Demonstrationen dieser oder jener Art waren auch damals durchaus denkbar. Aber wir haben keinen öffentlichen Aufwand betrieben. Wir haben uns in einem Wohnzimmer getroffen, in einem Schlösschen außerhalb von Paris. Und die Medien wurden über viele Kilometer auf Abstand gehalten. Es kam auch niemand auf die Idee, seinem Mitarbeiter zu sagen: Geh mal raus und erzähl unserer Presse, was ich soeben gerade Kluges geredet habe. Es waren private Treffen, keine riesigen Trosse nahebei. Inzwischen sind die Gipfeltreffen leider verkommen zu Medienevents, und die Teilnehmer sind selbst schuld daran.

Ist das ein Grund dafür, dass sie so provozieren?

Wahrscheinlich ja. Was da verhandelt werden muss – zum Beispiel Globalisierung oder Rüstung und Abrüstung oder Klima –, ist allerdings schon Reizthema genug.

Wie war denn das bei Ihnen: Der erste Gipfel ist ja

16

unter dem Schock der Ölkrise ins Leben gerufen worden, es war ein Krisengipfel. In den Augen Ihrer Gegner wollten Sie nichts anderes, als die kapitalistische Wirtschaftsordnung aufrechterhalten und den Wohlstand der reichen Länder bewahren.

Ja, das sagen die *heute*. Das haben die damals noch nicht gesagt.

Was war denn tatsächlich Ihr Anliegen? Haben die Themen, die in Heiligendamm verhandelt werden – Afrika, Armut, Klima –, damals irgendeine Rolle gespielt?

Wir haben darüber nachgedacht, aber diese Themen waren nicht der Grund, den Weltwirtschaftsgipfel zu erfinden. Wir wollten der Gefahr einer durch die Ölpreisexplosion ausgelösten Weltinflation begegnen und den zu befürchtenden ökonomischen und politischen Konsequenzen. Darin waren wir auch erfolgreich.

Ist es ein Erfolg der Globalisierungsgegner, dass sich die G8-Staaten in Heiligendamm mit den Themen Armut, Afrika und Klima befassen?

Das müssen sie in jedem Falle tun, ob mit oder ohne Demonstrationen. Die Proteste sind verständlich, aber sie erleichtern das Geschäft nicht.

Was sagen Sie denn heute all den Hunderttausend Jugendlichen, die behaupten, die Industrienationen bewahren ihren Wohlstand auf Kosten der armen Länder?

Der Vorwurf ist durchaus gerechtfertigt. Andererseits bleibt unklar, wie man diesem Vorwurf entsprechen könnte. Wenn den Entwicklungsländern in Asien, Lateinamerika und Afrika durchgreifend geholfen werden soll, dann müsste das zulasten des Lebensstandards in den wohlhabenden Ländern gehen. Aber hier würden die Regierungen abgewählt, wenn sie eine wesentliche Verringerung des Lebensstandards in Kauf nehmen sollten. Deswegen tun sie es nicht. Hier liegt einer der eingeborenen Fehler der Demokratie.

Finden Sie nicht, dass der Preis inzwischen zu hoch ist für Weltwirtschaftsgipfel, die hinter Mauern, Stacheldraht und Sperrzäunen stattfinden?
Ja, das hängt damit zusammen, dass die Regierungen viel zu viel Aufwand betreiben. Wenn man sich im kleinen Kreis irgendwo weit weg in der Landschaft träfe, so wie früher ...

Aber Heiligendamm ist ja auch weit weg.
Nein, Heiligendamm ist dicht bei Berlin und dicht bei Hamburg, in einem hochbevölkerten Staat, nämlich in Deutschland.

Sollen sie sich denn auf dem Mond treffen?
Ja, oder wie einstmals auf einer Insel oder in einem Golfhotel, weit abgelegen in einem Tal, zwischen hohen Bergen.

24. Mai 2007

Wie eine Herde Schafe ...

Über die notwendige Kontrolle
der Finanzmärkte

Lieber Herr Schmidt, haben Sie jemals Aktien besessen?

Das weiß ich nicht genau, ich habe mich nie darum gekümmert. Aber ich nehme an, dass ein kleiner Teil von dem bisschen Geld, das meine Bank verwaltet, auch in Aktien angelegt ist. Vor vielen Jahren habe ich dem Mann bei der Bank gesagt, er darf nie mehr als 20 Prozent in Aktien tun. Vielleicht ist es auch weniger, 15 Prozent. Der Rest steckt in langfristigen Papieren.

Sie trauen der Aktie und der Hausse an den Börsen nicht?

Nicht der Boom ist unheimlich, sondern die Aktie an sich ist ein meinem Gefühl und meinem Denken wenig entsprechendes Instrument. Als Altersvorsorge ist die Aktie unbrauchbar.

Ist Ihnen die Zeit der Hyperinflation noch gewärtig? Sebastian Haffner schreibt in seiner »Geschichte eines Deutschen« über das Jahr 1923: »In jedem Laden, jeder Fabrik, jeder Schule wurden einem Aktientipps zugeflüstert.«

In der Schule? Vielleicht bei Haffner damals in Berlin, für Hamburg glaube ich das nicht. Aber die Hyperinflation bis 1923 ist mir durchaus im Bewusstsein, aus zwei verschiedenen Quellen: einmal durch Eltern und Familie, zum anderen durch meine Kenntnis der Wirtschaftsgeschichte. Ich war damals fünf Jahre alt, aber an eines erinnere ich mich: Wenn mein Vater seine Lohntüte bekam, musste das Geld sofort ausgegeben werden, denn am nächsten Morgen war es schon weniger wert.

Gibt es eine Faustregel, nach der an der Börse eine Blase entsteht – oder wieder platzt?

Darüber müsste ich lange nachdenken, und wahrscheinlich würde ich am Ende noch genauso klug sein wie im Augenblick. Die Börsianer, heutzutage heißen sie Investmentbanker, werden solche Faustregeln für sich erfunden haben. Die müssen aber nicht richtig sein.

Taugen die Prognosen der Analysten nichts?

Alle ökonomischen Voraussagen sind unzuverlässig – genauso wie Wetterprognosen. Wie das Wetter morgen aussehen wird, kann man einigermaßen vorhersehen, nicht aber, was in drei Monaten sein wird. Das gilt für den mit dem Nobelpreis ausgezeichneten Ökonomen ebenso wie für die ohne Nobelpreis frei herumlaufenden Analysten.

Was ist die größte Gefahr für die internationalen Börsen?

Wenn es einen weltweiten Crash an den Aktienbörsen geben sollte, geht zwangsläufig die Weltkonjunktur in den Keller. Dafür kann es verschiedene Auslöser geben. Denken Sie an den Schwarzen Freitag im Jahre 1929, der eigentlich ein Donnerstag war. Innerhalb weniger Tage haben sich Banker in aller Herren Länder verhalten wie eine Herde von Schafen auf dem Deich im Vorland von Husum. Oder wie eine Herde von Gänsen auf der Insel Neuwerk. Wenn eine auffliegt, fliegen auch alle anderen 199 Gänse innerhalb von Sekunden auf. Heute hat sich die Zahl der Geldmanager verhundertfacht, aber sie können sich immer noch wie eine Herde benehmen. Die heutigen Investmentbanker, die Fondsmanager und Private-Equity-Manager und wie sie alle heißen, sind durchaus in der Lage, eine Weltrezession auszulösen.

Und die Regierungen sind machtlos?
Eines der entscheidenden Defizite unserer Zeit liegt darin, dass es keine weltweit vernetzt funktionierende Aufsicht über die Finanzmärkte gibt. Jede kleine Sparkasse im Landkreis Pinneberg ist von Staats wegen überwacht. Die größten Hedgefonds der Welt, tausendfach so groß wie die Sparkasse in Pinneberg, werden von niemandem überwacht.

Sie unterstützen also die Bemühungen von Bundesfinanzminister Peer Steinbrück, wenigstens einen freiwilligen Verhaltenskodex für Hedgefonds einzuführen?
Ja. Ich war dieser Meinung übrigens schon lange, ehe Steinbrück ins Amt kam.

Haben Sie Hoffnung, dass dieses Vorhaben gelingt?
Ich würde dafür kämpfen wollen, wenn ich an Stein-

brücks Stelle wäre. Als Realist würde ich einen Erfolg einstweilen allerdings für sehr begrenzt halten. Das ist aber kein Grund, den Kampf aufzugeben.

6. Juni 2007

Ein Onkel in Minnesota

Amerikaner und Antiamerikaner

Lieber Herr Schmidt, sind die Deutschen Antiamerikaner?

Im Prinzip nein. Wohl aber gibt es, nicht nur in Deutschland, sondern in großen Teilen Europas, eine weitverbreitete Stimmung der Ablehnung gegenüber der gegenwärtigen amerikanischen Regierung. Darunter bleibt eine erhebliche Sympathie für die amerikanische Nation, für die amerikanische Aufklärung und für die ganze amerikanische Geschichte verborgen – versteckt unter dem Ärger über Bush, Cheney und Rumsfeld.

Sie werfen den Amerikanern seit Jahren Unilateralismus, Imperialismus, Nationalismus oder Egozentrismus vor. Leisten Sie da nicht einer amerikafeindlichen Stimmung Vorschub?

Jedenfalls ist das nicht meine Absicht. Tatsache ist, dass die von Ihnen zitierten Tendenzen in der amerikanischen Außenpolitik immer vorhanden waren, seit dem späten 18. Jahrhundert. Dazu gehört auch immer wieder das Missionarische. Aber manchmal haben sich auch Idealismus und Multilateralismus durchgesetzt, zum Beispiel unter Präsident Wilson am Ende des Ersten Weltkrieges und abermals unter den Präsidenten Truman und Eisenhower.

Wo ist für Sie die Trennlinie zwischen der Kritik an einer amerikanischen Regierung und Antiamerikanismus?

Antiamerikanismus ist eigentlich eine Sache der äußersten Linken und der äußersten Rechten. In der breiten Mitte des politischen Spektrums in Deutschland gibt es keinen Antiamerikanismus.

Und der Erfolg Gerhard Schröders mit seiner Haltung im Irakkrieg: War da kein bisschen Appell an antiamerikanische Affekte?

Das hat vielleicht eine Rolle gespielt, aber es war nicht das Motiv. Ich war voll und ganz auf der Seite der damaligen französischen und der deutschen Regierung, weil ich wusste: Irak endet im Chaos. Wir sind jetzt nahe dran an diesem Ende.

Was verdanken die Deutschen den Amerikanern?

Da muss man weit zurückgehen, in das Jahr 1848, zur Versammlung in der Frankfurter Paulskirche. Die geistige Munition haben die Deutschen aus der amerikanischen Unabhängigkeitserklärung bezogen – und auch aus der amerikanischen Verfassung.

Sie denken nicht zuerst an die Befreiung von den Nazis.

Weil das zeitlich später liegt. Und weil es nicht so ist, dass nur die Amerikaner Deutschland von Hitler befreit hätten, sondern es waren die Amerikaner und die Engländer und die Russen. Ohne Churchill hätte das Ganze nicht funktioniert. Die Vorstellung, dass wir die Befreiung von Hitler allein den Amerikanern verdanken, ist historischer Unfug.

Wäre ein Gefühl der Dankbarkeit nicht dennoch angemessen?

Das Gefühl der Dankbarkeit hat zum allerersten Mal Richard von Weizsäcker in seiner berühmten großen Rede vom 8. Mai 1985 ausgedrückt. Er hat dem deutschen Volk erstmalig klargemacht, dass der verlorene Krieg in Wirklichkeit eine Befreiung war.

Reichlich spät.

Wenn das ein Bundespräsident zehn Jahre vorher gesagt hätte, hätte er keine Resonanz gefunden. So lange hat es gebraucht. Was übrigens kein Wunder ist, denn die Niederlage war verheerend.

Was war Ihr persönlicher Eindruck, als Sie 1950 zum ersten Mal Amerika besuchten?

Es war rührend, ich habe in Minnesota einen Onkel besucht. Er und seine Familie empfingen mich am Bahnhof mit Girlanden, Küssen und Umarmungen. Er bot mir ein Haus an, er bot mir einen Job an, er zeigte mir seine Fabrik, die hatte 16 Mann Belegschaft. Und vor der Tür der Fabrik standen 16 Autos – unvorstellbarer Wohlstand! Er sagte: »Lass deine Frau und deine Tochter nachkommen, das ist doch alles Scheiße bei euch in Deutschland!«

Waren Sie eine Minute lang versucht?

Nein, dazu war ich zu sehr Deutscher. Aber es hat mich die Großzügigkeit der Amerikaner gelehrt.

14. Juni 2007

Ein sehr bunter Gockel

Über die Kunst

Lieber Herr Schmidt, Sie haben mal gesagt, erst als 1937 die Ausstellung »Entartete Kunst« eröffnet wurde, hätten Sie begriffen: Die Nazis sind verrückt. Haben Sie die Ausstellung gesehen?

Nein, ich habe nur flüchtige Kenntnis bekommen, wahrscheinlich über Zeitungen, dass meine Idole – Nolde, Barlach, Kollwitz, Kirchner, der Blaue Reiter, die Brücke –, dass deren in meinen Augen große Kunst für »entartet« erklärt worden war und dass sie gezeigt wurde, um das Publikum abzuschrecken. Ich selber hatte auf meiner Schule einen Kunsterzieher, der uns Jugendlichen damals diese deutsche expressionistische Kunst ans Herz gelegt hatte.

Als Ihre Lieblingskünstler nennen Sie Käthe Kollwitz, Ernst Barlach, Emil Nolde, Ernst Ludwig Kirchner und dann einen belgischen Expressionisten, Frans Masereel. Konnten Sie das eine oder andere Werk dieser Künstler erwerben?

Ja, aber leider keinen Masereel.

Im Jahre 1980, da waren Sie noch Kanzler, haben Sie erklärt: »Vielleicht werde ich alt genug, um meinen Neigungen und unvollendeten Hoffnungen und Wünschen auf einem anderen Feld noch einmal nachgehen zu können.« Haben Sie damals an die Kunst gedacht?

Wahrscheinlich ja. Ich hatte eine aus Jugendzeiten verborgene kleine künstlerische Ader, das bezog sich auf die Malerei und auf die Musik. Immerhin habe ich als 17-Jähriger eine große Zahl von Kirchenliedern in vierstimmigen Chorsatz gesetzt. Ich bin innerlich der Musik immer zugeneigt geblieben, habe aber nie Zeit und genug überschüssige Kraft gehabt, um mich ihr sonderlich zu widmen.

Wann haben Sie aufgehört zu zeichnen?

In den Kanzlerjahren.

Sind einige Ihrer Bilder erhalten?

Eines hängt noch zu Hause.

Was zeigt es?

Einen sehr bunten Gockel.

Können Sie mit den Exponaten einer Documenta etwas anfangen?

Wahrscheinlich nicht. In meiner Kanzlerzeit bin ich ein-, zweimal zur Documenta nach Kassel gefahren. Dann habe ich das aus dem Auge verloren.

Konnten Sie mit der Kunst eines Joseph Beuys etwas anfangen?

Nein.

Warum nicht?

Weiß ich nicht.

Haben Sie nie versucht, Künstler zu verstehen, die lange vor oder eben auch nach den Expressionisten malten?

Zu verstehen schon, aber sie sind nicht zu meinen Lieblingen geworden. Wohl aber der Spanier Francisco José de Goya, der Engländer William Turner, auch die deutsche Romantik.

Gibt es ein Bild, das Sie emotional besonders berührt hat, als Sie es zum ersten Mal sahen?

Ja, das war ein El Greco. Das muss 1948 gewesen sein. Ich war zu einem Kurzbesuch in London, knapp 30 Jahre alt, und ging in die National Gallery. Da war ein großer Saal mit allen möglichen Schinken aus der frühen Neuzeit Europas. Plötzlich hing dazwischen ein ganz modernes Bild. Ich war fasziniert von diesem Künstler. Der Name El Greco war mir nicht geläufig; seither gehört er aber zu meinen Lieblingen.

Gehen Sie immer noch in Museen?

In New York gehe ich immer ins Metropolitan Museum of Art, und zwar nur, um das einzige Landschaftsbild zu sehen, das El Greco gemalt hat: »Gewitter über Toledo«, ein wunderschönes Bild. Als ich das letzte Mal diesen Greco sehen wollte, war er leider Gottes ausgeliehen nach Wien, und ich war tief enttäuscht. Ich bin dann in das gegenüber gelegene Haus gegangen, wo zwei Österreicher ausgestellt waren, Egon Schiele - und wie heißt der andere?

Gustav Klimt?

Genau, die waren da ausgestellt. Beide haben mich sehr fasziniert. Würde ich mir aber nicht kaufen.

21. Juni 2007

»Die SPD:
allzu prinzipientreu«

Über das Notwendige in der Politik

Lieber Herr Schmidt, tut es Ihnen nicht in der Seele weh, wenn Sie sehen, wie Ihre SPD zwischen CDU und der Linken zerrieben wird?

Die SPD muss man nicht bedauern, sie wird nicht zerrieben. Die CDU steht in Meinungsumfragen heute relativ gut da, aber ich habe noch nie viel auf Umfragen gegeben. Wenn Sie sich Frau Merkel wegdenken, dann sieht die Union ganz anders aus. Die Sozialdemokraten leiden nicht zuletzt darunter, dass sie am laufenden Band ihre Führer gewechselt haben.

Sie meinen ihre Vorsitzenden.

Ein Vorsitzender sitzt da, ein Führer gibt seinen Leuten den Weg vor. Ich weiß, in Deutschland darf man das Wort nicht verwenden, jedenfalls die nächsten 30 Jahre noch nicht. Es ist aber ein auch in anderen Sprachen notwendiges Wort.

Ist es für die Sozialdemokratie nicht ein Unglück, dass eine starke Partei links von der SPD entstanden ist?

Wo es Verhältniswahlrecht gibt, dort entstehen zwangsläufig linksextreme und rechtsextreme Parteien. Das sehen Sie in Italien, in Frankreich, in Holland und jetzt auch in Deutschland. Die Parteien in der Mitte zwingt es dazu, sich zusammenzuraufen, ob das große Koalitionen sind oder halb große oder halb starke.

Man hat immer gedacht, in Deutschland käme eher eine starke Rechte auf.

Ja, weil manche Leute glauben, der Faschismus sei immer noch nicht ganz tot in Deutschland.

Welche Fehler haben Sie und andere in der SPD gemacht, dass zweimal im Milieu der Sozialdemokratie Parteien entstehen konnten, die der SPD an die Substanz gehen – erst die Grünen, jetzt die Linke?

In Deutschland denkt man gerne grundsätzlich. Und wenn man grundsätzlich denkt, dann will man keine Kompromisse machen. Also muss man sich nicht wundern, wenn so ein ganz Grundsätzlicher sagt: »Dann gründe ich meinen eigenen Verein.« Und umgekehrt: Je prinzipienloser eine politische Partei ist, desto weniger muss sie Angst vor Abspaltungen haben.

Wollen Sie im Ernst sagen: Die SPD wird zerrieben, weil sie so prinzipientreu ist?

Die SPD wird nicht zerrieben, diesen Wunschtraum habe ich schon oft gehört. Sie ist weder 1919 zerrieben worden, noch war sie 1945 verschwunden, als die Nazis weg waren: Da war die SPD gleich wieder da. Aber sie war eben sehr prinzipientreu – ganz anders als die CDU unter Adenauer. Vielleicht war sie etwas zu prinzipientreu.

Und heute?

Einige SPD-Wähler möchten an Regeln festhalten, die

nicht mehr realistisch sind. Sie möchten an dem Wohlstand festhalten, den ihnen der Sozialstaat verschafft hat. Dass die Welt sich ändert und dass wir Deutschen viel älter werden als früher, dass das Renteneintrittsalter steigen muss, schafft Unsicherheit und Besorgnisse. Dann gibt es Leute wie diesen Lafontaine, die auf diesem Klavier spielen und Ängste schüren.

Viele Politiker würden einwenden, dass man für Prinzipien von Wählern abgestraft werden kann.

Das ist eine Ausrede, um selber schuldlos dazustehen. In jedem Land der Welt kommt es vor, dass Entscheidungen notwendig sind, die den eigenen Wählern nicht einleuchten. Trotzdem muss man einer Notwendigkeit gehorchen, auch wenn man deshalb vielleicht sein Mandat verliert. Jemand, der dieses Risiko nicht eingehen will, taugt nicht für die Demokratie.

Ein großes Wort.

Ja, meine ich auch so.

Aber nur selten haben Politiker diesen Mut oder diese Selbstlosigkeit.

Auf Selbstlosigkeit will ich nicht bestehen, wohl aber auf Prinzipientreue. Ich kann aus meinem eigenen Leben auf den berüchtigten Nato-Doppelbeschluss hinweisen: Es war klar, dass sich meine Leute und auch sonst kaum jemand dafür erwärmen lassen würden. Aber nach meiner Überzeugung war es eine Notwendigkeit. Also musste es gemacht werden.

Es hat Ihnen nur bedingt geschadet.

Es hat mir sehr geschadet, ich wurde aus dem Amt gejagt!

Aber nicht Ihrem Ansehen.

Jedenfalls hat es meiner Gesundheit keineswegs geschadet, sondern genützt. Wenn ich das Amt noch lange behalten hätte, wäre ich nämlich längst tot.

28. Juni 2007

Was der Krieg leider lehrt

Verpasste Jugend und
kaum Rebellion

Lieber Herr Schmidt, es gibt ein berühmtes Wort von Ihnen, das mich immer geärgert hat. Die Generationen nach Ihnen seien nicht »durch die Scheiße gegangen« ...

Nicht alle Generationen nach mir, sondern die nächste Generation.

Jedenfalls klingt dieser Satz wie ein Vorwurf an die Jüngeren.

Nein, die haben ja Glück gehabt. Das kann man ihnen doch nicht vorwerfen.

Aber Sie sagten zugleich, sie seien deswegen auch nie ganz erwachsen geworden.

Nein, das ist nicht der Sinn dieser Bemerkung gewesen. Wenn darin ein Vorwurf enthalten war, dann an die Generation derjenigen, die heute regieren, weil sie in meinen Augen allzu leichtfertig bereit sind, mit militärischen Mitteln in anderen Ländern zu intervenieren. Leute, die keinen Krieg erlebt haben, wohl aber selbst Krieg führen oder provozieren, wissen nicht, was sie Furchtbares anrichten.

Reden Sie gelegentlich noch mit jungen Leuten?

Das mache ich jedes Jahr viele Male. In diesen Tagen traf ich zum Beispiel junge Studenten der Harburger Technischen Universität.

Interessieren die sich noch für Politik wie in den Jahren, als Sie in der Politik waren?

Die damalige Jugend war etwas stärker politisiert – nicht notwendig parteipolitisch engagiert – durch die Medien und durch die öffentliche Aufmerksamkeit, die sich durch den Kalten Krieg ergab. Andererseits gab es nach der Nazizeit für die Deutschen ziemlich ungewöhnliche innenpolitische Kämpfe zwischen Christdemokraten und Sozialdemokraten. Die Bundestagsdebatten füllten die Medien; heutzutage finden sie nur noch auf Seite vier der Tageszeitungen statt.

Waren Sie selbst als Jugendlicher jemals rebellisch?

Wenn ich rebellisch gewesen wäre, dann wäre ich im KZ gelandet oder vor dem Volksgerichtshof geendet und umgebracht worden. Aber ich war natürlich gegen die Nazis, schon deswegen, weil ich einen jüdischen Großvater hatte und meine sogenannte arische Abstammung nicht in Ordnung war.

Haben Sie nach Kriegsende mal was nachholen wollen an Rebellischem?

Nein, dazu war ich inzwischen zu erwachsen.

Auch nicht bei den jungen Genossen vom SDS?

Der SDS zu meiner Zeit, ich war Bundesvorsitzender in den Jahren 1947 bis 1948, der ist mit dem, was heutzutage mit dem gleichen Namen verbunden wird, nicht zu vergleichen. Wir waren in den ersten Nachkriegsjahren zutiefst geprägt von der Ablehnung der Diktatur durch die Nazis, wir waren ähnlich negativ durch die Diktatur durch die Kommunisten geprägt; und wir bemühten uns, Demokratie zu lernen.

Kein Bedürfnis nach Feiern, nach Unbeschwertheit?
Doch, wir haben auch einen sehr, sehr kleinen Teil der Jugend nachgeholt, die wir vorher verpasst hatten.

Haben Sie Ihre Tochter als Jugendliche immer verstanden?
Es gab auch eine schwierigere Phase. Meine Tochter lebte hier in Hamburg, später in einer anderen Universitätsstadt, und ich war in Bonn. Das heißt, es gab ein Familienleben nur an jedem zweiten Wochenende. Schon die räumliche Distanz: Damals flog man nicht mal eben von einer Stadt in die andere, das gab es nicht, das konnte man sich nicht leisten. Sehr viel später, also im Laufe der letzten 30 oder 40 Jahre, hat sich dann eine sehr herzliche Freundschaft ergeben.

Und dann haben Sie etwas nachgeholt.
Wir hatten zwei Kinder. Ein Junge ist relativ früh gestorben. Wenn es nach meiner Frau und nach mir gegangen wäre, hätten wir vielleicht fünf Kinder gehabt, jedenfalls mindestens drei. Das ist so leider nicht gekommen.

5. Juli 2007

Passt das Hemd zum Anzug?

Über die Nutzlosigkeit
politischer Talkshows

Lieber Herr Schmidt, nichts macht Sie immer wieder so verdrossen wie Talkshows.

Richtig ist, dass ich die Talkshows nicht sonderlich nützlich finde. Insbesondere die politischen Talkshows haben inzwischen das Parlament und die Parlamentsdebatte in den zweiten oder dritten Rang versetzt; im ersten Rang für einen aufstrebenden Politiker steht heute die Talkshow.

Ist das die Schuld der Talkshows?

Zum größten Teil liegt dies am Geltungsbedürfnis von solchen Politikern, die keine Bücher schreiben, die zu lesen sich lohnt, die keine Debattenreden halten, die zu verfolgen sich lohnt. Sie gehen lieber in die Talkshows, wo sie einen Gedanken höchstens drei bis vier Minuten am Stück entwickeln können – und dann kommt der andere dran.

Aber was kann das Fernsehen dafür, dass die Debatten im Bundestag so langweilig geworden sind?

Es ist mir nicht klar, ob die Debatten im Parlament wirklich langweilig geworden sind. Das Fernsehen hat das Interesse an Personen außerordentlich gefördert. Es geht darum, ob Hemd und Schlips zum Anzug passen. Bei den Frauen geht es darum, ob die Frisur zum Gesicht passt. Das sachliche Gewicht eines Arguments tritt dahinter zurück. Das war früher anders.

Sie glauben im Ernst, dass die Menschen ohne Fernsehen schlauer waren?

Nein, sie waren genauso verführbar. Wahrscheinlich ist die Verflachung der politischen Kultur durch die elektronischen Medien zwangsläufig, und man muss sie ertragen. Vielleicht kann man aber dagegen Kräfte mobilisieren.

Aber wie?

Wir müssen dem Publikum einen Überblick verschaffen über Probleme und nicht nur Nachrichten über den jüngsten Streit, den jüngsten Mord oder das jüngste Attentat. Ich habe gestern Abend, weil ich zu müde war zum Schlafen, eine halbe Stunde vor der Glotze gesessen und zweimal rauf und runter gezappt. Ich weiß gar nicht mehr, wie viele Schießereien, Morde und Auto-Crashs ich insgesamt erlebt habe.

Schauen Sie selbst Privatfernsehen?

Jedenfalls nicht bewusst. Mir kommt es auch so vor, als ob sich in Deutschland die ARD und das ZDF längst an die Erwartungen des Publikums angepasst haben, die im Wesentlichen von den privaten Fernsehanstalten gefördert und provoziert worden sind.

Vor zwei Jahren haben Sie in der *FAZ* Politiker dazu aufgerufen, die Fernsehtalkshows »den Wichtigtuern« zu überlassen. Wollten Sie damit sagen, dass im Parlament keine Wichtigtuer sitzen?

Im Parlament sitzen natürlich auch manche Wichtigtuer. Eine der Antriebskräfte, sich in der Politik zu tummeln, ist ja das eigene Geltungsbedürfnis. Das ist durchaus legitim, und es ist menschlich. Aber es ist nicht unbedingt wünschenswert.

Gibt es einen bestimmten Politikertypus, der Ihnen im Fernsehen besonders auf die Nerven fällt?
Bangemann, Haussmann, Möllemann, Westerwelle; die ganze Reihe führender FDP-Politiker der letzten Jahrzehnte.

Warum gehen Sie selber in Fernsehtalkshows, wenn Sie das Fernsehen so sehr kritisieren?
Ich war noch nicht in einer Talkshow.

Sie waren zusammen mit Richard von Weizsäcker gerade bei Maischberger, davor bei Beckmann!
Das waren keine Talkshows. Ich habe nichts gegen Interviews zwischen zwei oder drei Personen, egal, ob das im Fernsehen oder in der Zeitung geschieht.

Frau Maischberger hat ihre Talkshow nur für Sie zu einem Interview umgestaltet, und die Quote war gewaltig. Freut Sie das?
Ganz freiwillig wäre ich da nicht hingegangen. Aber Frau Maischberger kann sehr einnehmend sein.

12. Juli 2007

Ein Urwald in Schleswig-Holstein

Urlaub am Brahmsee

Lieber Herr Schmidt, wie in jedem Jahr verbringen Sie auch in diesem Sommer Ihren Urlaub am Brahmsee. Warum ist es am Brahmsee so schön?
Aus dem Wohnzimmerfenster oder von der Diele aus, wo wir Kaffee trinken, sehen wir auf den See und das jenseitige Ufer. Man sieht viel Grün, viel blaues Wasser und darüber einen großen, leider in diesem Sommer sehr grauen Himmel.

Auf das Wetter kann man sich in Norddeutschland ja nie so richtig verlassen. Stört Sie das?
Von Zeit zu Zeit stört es mich, ja. Aber ich nehme es gern in Kauf.

Sie werden nicht schwermütig?
Nee.

Wann begannen Ihre Sommer am Brahmsee?
Vor einem halben Jahrhundert, 1958.

Wie haben Sie Ihr Feriendomizil entdeckt?
Durch Zufall. Ich saß in einem Zug im Speisewagen von Bonn nach Hamburg. Der Zug blieb auf der Strecke liegen und man konnte mit seinem Nachbarn lange reden. Es stellte sich heraus, der Nachbar war ein Om-

nibusunternehmer in Kiel. Ich fragte ihn: Gibt es in Holstein irgendwo noch einen Platz an einem See, wo man baden kann, segeln und ein kleines Sommerhäuschen hinstellen kann? Er sagte, ich habe einen Kraftfahrer, der weiß auf den Dörfern Bescheid. So sind wir an dieses Grundstück geraten.

Wie erholen Sie sich am besten?
Ehrlich gesagt, bei der Arbeit, aber im Urlaub mit ein bisschen mehr Schlaf als sonst.

Arbeit ist für Sie also das Schönste!
Das will ich nicht sagen. Ich kann durchaus abschalten. Wenn ich am Klavier sitze, schalte ich total ab.

Können Sie auch einfach nichts tun?
Nee, das würde mir schwerfallen.

Segeln Sie eigentlich noch?
Tu ich nicht mehr. Das Boot ist verkauft.

Sie und Ihre Frau haben am Brahmsee ein kleines Stück Wildnis angelegt.
Angelegt, das ist falsch. Das war eine Brache, knapp sieben Hektar, ganz miserabler Kiesboden, auf dem der Roggen nicht recht gedeihen wollte, den der Landwirt darauf anbaute. Deshalb ließ er ihn als Brache liegen, ohne ihn zu bebauen. Da haben wir ihm die Brache abgekauft, mit dem Ziel, der Natur freien Lauf zu lassen. Nichts zu pflanzen, nichts zu düngen, nichts zu wässern, sondern nur abzuwarten, was die Natur daraus macht. Inzwischen ist so ein kleiner Urwald entstan-

den. Die Bäume sind zwischen 15 und 18 Meter hoch. Meistens Eichen, Birken, ein paar wenige Buchen, sehr viele Traubenkirschen. Insgesamt mehr als ein Dutzend verschiedene Bäume. Die meisten von den Vögeln dahingepflanzt. Bis hin zu einer Esskastanie und einer mitten im Urwald stehenden Eierpflaume.

Und so soll es bleiben?
Solange es uns, das heißt meiner Tochter gehört, wird es so bleiben. Es gibt inzwischen Botaniker, auch zoologisch interessierte Wissenschaftler aus Kiel, die von Zeit zu Zeit den Bestand aufnehmen und dort auch über 30 Vogelarten festgestellt haben. Ab und zu ist mal ein Fuchs da, ab und zu sind Marder da, ziemlich regelmäßig Rehe. Die fressen leider dann auf unserem Wohngrundstück die Blumen ab.

Der letzte Urwald von Schleswig-Holstein!
Es ist einer von mehreren Urwäldern. Aber er ist offen für jedermann, und die Leute gehen da durch und benehmen sich anständig und schmeißen keine Bierdosen weg.

Dass Ferien sind, merken wir immer daran, dass Sie in einer weißen Hose in die Redaktion kommen. Ist das Ihre Brahmseehose?
Da sind lauter weiße Hosen, um mir selber zu suggerieren, dass ich im Urlaub bin.

26. Juli 2007; das Interview führte Matthias Naß

Eine unglückliche Geschichte

Polen und die Kaczyńskis

Lieber Helmut Schmidt, Sie sagen, wir beschäftigten uns zu wenig mit Polen. Gilt das noch, nachdem die Regierung in Warschau uns so schrecklich nervt?

Das Verhältnis zwischen Deutschen und Polen ist prekär seit weit über 200 Jahren. Das Schicksal hat den Polen eine geopolitische Lage beschert, in der sie sich zwischen drei Großmächten fanden, Russland, Österreich-Ungarn und Preußen. Zu dritt haben sie Polen unter sich aufgeteilt. Dann kamen Hitler und Stalin und setzten die Verbrechen gegen den polnischen Nachbarn fort. In den Augen mancher Polen sieht die Welt immer noch ähnlich aus wie damals, als die Großmächte gemeinsam Polen drangsaliert haben; denn sie fühlen sich abermals eingezwängt zwischen dem großen Russland und der großen Bundesrepublik.

Polen hatte immer unter Besetzung, Teilung oder beidem zu leiden.

Richtig. Insgesamt gab es fünf Teilungen Polens und nicht nur die drei, die wir noch in der Schule gelernt haben. Deutschland hat sehr viele direkte Nachbarn. Aber unter diesen Nachbarn sind die Polen neben den Franzosen die Wichtigsten.

Warum?

Weil die Geschichte zwischen uns und Polen so unglücklich verlaufen ist.

Aber haben die Deutschen nicht viel getan im Bewusstsein dieser Schuld?

Die Deutschen haben sich eigentlich erst im Laufe der letzten 35 Jahre Mühe gegeben.

Was stand am Beginn dieser Mühe? Der Kniefall von Willy Brandt?

Ja – und der Vertrag zwischen Bonn und Warschau.

Das Engagement von Helmut Kohl für den EU-Beitritt Polens war doch auch aufrichtig und energisch.

Aber die deutschen Beiträge der letzten 35 Jahre wiegen die 200 Jahre davor nicht auf.

Ist diese Vergangenheit im Kollektivgedächtnis der Polen so tief verankert?

Nicht nur im Kollektivgedächtnis der Polen. Es gibt auch im kollektiven Gedächtnis der Deutschen immer noch einen Rest von deutschen Überlegenheitsgefühlen, von Herabsehen auf die Polen.

Die »polnische Wirtschaft«?

Ja, das ist eines der Vorurteile.

Welcher Pole hat Sie am meisten beeindruckt?

Wahrscheinlich Papst Wojtyla.

Haben Sie schon einmal von dem Dichter Adam Mickiewicz gehört?

Ja – ich kenne seinen Pan Tadeusz.

Das unterscheidet Sie von den meisten Deutschen.

Kann so sein. Es hängt damit zusammen, dass ich als Schüler ein bisschen polnische Literatur lesen konnte. Vor allem hängt es damit zusammen, dass ich fünf Jahre lang Präsident des Deutschen Poleninstituts gewesen bin. Dieses Institut hat dank der Arbeit von Karl Dedecius sehr viel dafür getan, dass polnische Literatur in Deutschland bekannt gemacht wurde.

Rechtfertigt die Schuld, die die Deutschen auf sich geladen haben, das gegenwärtige Verhalten der beiden Kaczyński-Brüder?

Das müssen wir ertragen, ob es gerechtfertigt ist oder nicht. Sie reden so, wie es ihrem Geschichtsbewusstsein entspricht.

Kann man jeden Unsinn aus der Geschichte erklären?

Nicht nur die beiden Kaczyńskis, sondern auch manch andere Polen haben ein Nachholbedürfnis nach Ausleben ihres Nationalismus. Jedenfalls muss man mit ihnen reden.

Was würden Sie einem Deutschen empfehlen, der Polen kennenlernen und verstehen möchte?

Wenn es sich um einen erwachsenen Menschen handelt, würde ich ihm raten, als Tourist Danzig zu besuchen oder Krakau oder die Marienburg, um zu sehen, mit welcher Liebe die Polen ihre jahrhundertealten Gebäude wiederhergestellt haben. Wenn es sich um einen jungen Studenten handelt, würde ich ihm empfehlen, zwei Semester in Polen zu studieren.

2. August 2007

Einmal die Woche Fleisch

Der Wert von Lebensmitteln

Die Deutschen sind in Sorge, weil die Milch teurer wird.

Die Aufregung über die Milchpreise ist nicht ganz leicht zu verstehen. In Nortorf in Holstein zum Beispiel, wo wir einmal in der Woche einkaufen, weil wir im Sommer am Brahmsee wohnen, sind die Milchpreise noch nicht gestiegen.

Sie kaufen selbst noch ein?

Ab und zu fahre ich mal mit. Aber meine Frau kauft selbst ein.

Wissen Sie, was ein Liter Milch kostet?

(überlegt lange) Ich weiß es nicht, ich wusste es mal. 1,18 Euro, glaube ich.

1,19 Euro kostet der Liter im Reformhaus. Bei Aldi sind es 62 Cent.

Ich wusste es nicht.

Vor 40 Jahren hat ein Haushalt in Deutschland im Schnitt ein Drittel des Einkommens für Lebensmittel aufgewendet. Heute ist es nur noch ein Zehntel. Haben wir das Gespür für den Wert von Nahrungsmitteln verloren?

Hoffentlich nicht! Vor 50 Jahren hat kein Haushalt
Geld für Fernsehen ausgegeben, kein Geld für Benzin,
denn man hatte kein Auto. Der steigende Wohlstand
hat dazu geführt, dass die Ausgaben eines Privathaus-
halts sich verlagert haben – zum großen Teil auf Güter,
die damals völlig unerreichbar gewesen wären.

**Ihre Generation hat den Hunger erfahren, zumin-
dest die Knappheit. Wie oft in der Woche gab es bei
Ihnen Fleisch, als Sie noch ein Kind waren?**
Einmal.

Und an den anderen Tagen?
Kartoffeln und Gemüse.

Sind Sie satt geworden?
Ja, ich ja.

Sie betonen das ich.
Weil es Nachbarn und Freunde gab, die tatsächlich
oft nicht satt geworden sind.

**Womit konnte man Ihnen damals beim Essen eine
Freude machen?**
Mit Pudding oder roter Grütze.

**Die steigenden Lebensmittelpreise treffen auch heute
die, die wenig Geld haben. Sollte der Staat dafür
nicht mehr Unterstützung geben?**
Nein.

**Das sagen Sie als Sozialdemokrat? Gibt es etwa keine
Fürsorgepflicht des Staates gegenüber den Armen?**

Natürlich gibt es eine Fürsorgepflicht des Staates. Aber in Deutschland hungert ja keiner, weil die Lebensmittel zu teuer wären.

Aber weil er zu wenig Geld zur Verfügung hat.
Nein; wenn einer hungert, dann weil seine Familie ruiniert ist und er oder sie oder das Kind alleine vegetieren und niemand für sie sorgt. Dann kann Hunger vorkommen. Es ist keine Aufgabe des Staates, durch staatliche Verbilligung der Lebensmittel zu helfen.

Aber vielleicht durch zusätzliche Hilfen für Hartz-IV-Empfänger bei Grundnahrungsmitteln.
Ich finde die deutsche soziale Vorsorge im Prinzip gut und richtig. Da wird nicht die Milch oder das vitaminhaltige Gemüse besonders gefördert, sondern es wird dem Einzelnen überlassen, was er kauft und was er essen will. Der Staat sollte sich da nicht einmischen.

Ich kenne kaum Menschen, die so wenig essen wie Sie.
Ich brauch nicht mehr. Ich lebe im Wesentlichen von etwas Obst, von Kaffee mit Milch und Zucker drin. Und von Zigaretten.

Wenn wir versprechen, die Antwort nicht mit einem Aufruf an die Leser zu verbinden, Sie damit zu beschenken: Mit welchem Essen könnte man Ihnen heute noch eine Freude machen?
Mit einer Erbsensuppe, auf Speck gekocht.

28. August 2007

Backstein und Brutalbeton

Über Architektur

Im Urlaub habe ich mit einem Architekten gesprochen, der auf Sie böse ist.
Was fehlt dem Mann?

Er war beteiligt am Entwurf für einen ambitionierten Bau neben dem Pressehaus, in dem unsere Redaktion in Hamburg sitzt. Dieses Projekt haben Sie im Alleingang abgeschossen.
Abgeschossen habe ich gar nichts. Ich habe einen kleinen Aufsatz geschrieben.

Ja, für die *ZEIT*. Danach war der Plan vom Tisch.
Ich war mit dem Ergebnis jedenfalls zufrieden. Dieser Stahl-Glas-Kubus, den sie bauen wollten, der passt überall, aber nicht in die vom Backstein dominierte alte Innenstadt Hamburgs. Es war ein Entwurf, der genauso gut nach Shanghai passt oder nach Osaka oder nach Dubai. Der passt vielleicht in die Hamburger Hafencity.

Die gefällt Ihnen also auch nicht.
Sehr richtig. Auch das ist moderne Allerweltsarchitektur, die man genauso gut in irgendeinem anderen Hafen der Welt hinstellen kann.

Sie wollten selbst Architekt werden.

Ja, von ganzem Herzen.

Was hat Sie davon abgehalten?

Die Tatsache, dass mich der Krieg sechs Jahre meines Lebens gekostet hat und ich bei Kriegsende zu alt war, um danach noch Architektur zu studieren.

Wer waren damals Ihre Lieblingsarchitekten?

Mein Vorbild war der hamburgische Oberbaudirektor Fritz Schumacher. Er hatte während des Ersten Weltkrieges in Köln ein Meisterwerk vollbracht mit diesen schönen Ringstraßen, die der alten Befestigungslinie folgen. Und dann noch eins in Hamburg, bei dem er den Backstein hier wieder zur Geltung gebracht hat.

Über den von Ihnen so gelobten Backstein schreibt unser Kollege Theo Sommer: »Der vorgetäuschte Backstein – meist nur dünnes Blendwerk auf Beton geklebt – stürzte Hamburg in die architektonische Monotonie.« Da ist doch das Glas in der Hafencity eine überfällige Abwechslung.

Natürlich ist der Backstein nicht schon Architektur, sondern Bekleidung der Außenwand. Das war auch zu Zeiten des Chilehauses oder des Sprinkenhofes so, der großen städtebaulichen Leistungen der Zwanzigerjahre. Anders war es im Mittelalter, als die großen Kirchen in Lübeck, in Wismar, in Ratzeburg tatsächlich aus Backstein aufgemauert worden sind. Aber es gab eine große Chance nach dem Kriege, diesen der Landschaft angemessenen Baustoff Backstein zu einem Signum Hamburgs zu machen.

Gegen die Bausünden, die in der Nachkriegszeit begangen wurden, sind doch die modernen Häuser, die Ihnen missfallen, reine Schmuckstücke!

Das kann man so nicht sagen. Ich glaube, die erhaltenswürdige Bausubstanz ist genutzt worden. Aber es war wirklich nicht mehr viel, weil über die Hälfte aller Häuser total zerstört war. Der Rest hatte keinen besonderen Wert. Das waren Mietskasernen.

Dem Bonner Bundeskanzleramt haben Sie den Charme einer Rheinischen Sparkasse attestiert. Was halten Sie vom Kanzleramt in Berlin?

Ich nenne das Brutalbeton.

Nicht einmal der Blick aus dem Kanzleramt hat Sie beeindruckt?

Von oben auf eine Stadt zu gucken ist immer interessant. Wenn man aber in die Büros der in jedem Gebäude tätigen Beamten schaut, dann hat man Mitleid.

Gibt es moderne Architektur, die Ihnen gefällt?

Ja, eine ganze Menge. Die Kuppel von Foster auf dem Reichstag, zum Beispiel.

Sie wohnen seit beinahe einem halben Jahrhundert in Hamburg-Langenhorn, einem ganz unspektakulären Vorort. Hat es Sie nie dahin gezogen, wo Hamburg besonders schön ist – an die Elbe oder an die Alster?

Nee, das war mir zu vornehm.

30. August 2007

»Kriminalität lässt sich nicht total beseitigen«

Über Sicherheit und Ordnung

Lieber Herr Schmidt, kennen Sie diesen Witz: Was ist der Unterschied zwischen einem Liberalen und einem Konservativen?

Wenn ich darauf eine witzige Antwort geben soll, fällt sie mir im Augenblick nicht ein.

Ein Liberaler ist ein Konservativer, der nie überfallen wurde. Deckt sich das mit Ihrer Erfahrung als Innensenator in Hamburg? Sie waren ja in den Sechzigerjahren Lokalpolitiker.

Lokalpolitiker war ich nie. Ich war vier Jahre lang für die Sicherheit meiner Mitbürger verantwortlich. Als Politik habe ich das nicht verstanden.

Was war es dann?

Um für die Sicherheit der Bürger zu sorgen, bedarf es weder eines Parteiprogramms noch einer philosophisch-ideologischen Überzeugung; man muss nur das tun, was zweckmäßig ist, man muss darauf achten, dass es weder ein Zuviel gibt an Sicherheit und Vorsorge noch ein Zuwenig. Kriminalität lässt sich nicht total beseitigen.

Ab wann fühlen sich Bürger einer Großstadt zu Recht bedroht?

Ich bin in Hamburg groß geworden während der Nazizeit. Damals hat man hier in zunehmender Weise das Gefühl gehabt, vom Staat bedroht zu sein, nicht von privaten Kriminellen. Schon einen Witz zu machen konnte gefährlich sein.

Ich hatte demokratische Verhältnisse im Sinn.

Nach 1945 fühlte man sich bedroht von Hunger und davon, dass man kein Dach über dem Kopf hatte. Ich erinnere die Zeit der Nissenhütten, das waren Blechhäuser, innen und außen Blech. Niemand, keine Familie in Hamburg, hatte eine Wohnung ganz für sich. Aber es gab viel gegenseitige Hilfsbereitschaft. Kriminalität hat sich dann relativ bald eingestellt, wie in jeder anderen Gesellschaft der Welt auch.

Mit welcher Kriminalität hatten Sie es zu tun?

Zunächst entwickelte sich Kriminalität mit dem schwarzen Markt, man beschaffte sich durch kriminelle Akte Dinge, die man auf dem Schwarzmarkt verkaufen konnte. Ich zum Beispiel habe Kohlen geklaut, das können Sie als Mundraub bezeichnen, obwohl die Kohlen dann in den Ofen kamen und nicht in den Magen. Und bei Dunkelheit habe ich Bäume gefällt. Das war sicherlich strafrechtlich nicht ganz einwandfrei.

Zurück in die Neuzeit: 2001 hat Ihre SPD in Hamburg die Wahl verloren und Herrn Schill ins Rathaus geholfen, weil sie das Sicherheitsbedürfnis ihrer Bürger so sträflich vernachlässigt hat.

Die Hamburger SPD hatte eine Reihe von Dingen vernachlässigt. Der Schill war auf seinem Pfad selber an der Grenze des Zulässigen – ich drücke mich sehr vorsichtig aus. Seine Wahl war eine Entgleisung. Solange Schill noch Richter war, hat er eine große Propaganda aufgezogen gegen die permissive Handhabung des Jugendstrafrechts. Er hat übertrieben, aber im Prinzip hatte er nicht unrecht.

Wie gefallen Ihnen denn die blauen Uniformen der Polizisten, die unter Schill eingeführt wurden?

Die sind besser als diejenigen, die sich an militärische Uniformen angelehnt hatten. Ganz früher, in meiner Kindheit, waren die Hamburger Polizisten auch blau. Dann wurden sie in Olivgrün eingekleidet. Sie sahen von Weitem wie Soldaten aus, das hat mir sehr missfallen.

Mögen Sie Politiker, die ein Law-and-order-Image haben, so wie Dregger, Gauweiler oder Schily?

Gauweiler und Schily kenne ich nur von Weitem, ich bin ihnen ein- oder zweimal begegnet. Dregger habe ich näher gekannt, er war mein Kollege im Bundestag. Der neigte zur Übertreibung der Sicherheit und zur Übertreibung polizeilicher Aufgaben.

6. September 2007

»Das Essen ist mir egal«

Über Staatsbankette

Lieber Herr Schmidt, wie viel Zeit müssen Menschen wie Sie bei Staatsbanketten und anderen offiziellen Essen verbringen?

Kein Mensch muss das müssen, außer Politikern und hohen Beamten.

Sind die deswegen zu bedauern?

Nicht unbedingt. Ich will mal vorweg sagen: In meinen Augen ist Essen überhaupt nicht so wichtig. Ich bin mit Labskaus zufrieden. Oder mit Erbsensuppe.

Aber auf Speck gekocht.

Ja. Offizielle Essen – das ist ein zu allgemein gefasster Begriff. Geht es um den Präsidenten eines Oberlandesgerichts oder einen Bürgermeister, der den sechzigsten Geburtstag feiert, dann gibt es ein großes Essen mit vielen Leuten. Etwas ganz anderes ist es, wenn zum Beispiel ein armer Außenminister jede Woche an einem offiziellen Essen wegen des Besuchs eines ausländischen Amtskollegen teilnehmen muss.

Das muss furchtbar sein!

Das kommt drauf an. Wenn die sich mit sechs Leuten an einen Tisch setzen, dann ist das offizielle Essen praktisch ein privates, dann macht es auch Sinn.

Weil man inhaltlich reden kann.

Ja. Wenn es mehr sind, kommt es darauf an, wer Ihre Tischnachbarn sind. Und wenn man nur auf dem linken Ohr hören kann, so wie ich, ist es besonders wichtig, wer der linke Tischnachbar ist. Sonst kann das zur Tortur werden, Zeitverschwendung.

Konnten Sie selbst aussuchen, neben wem Sie sitzen wollten?

Natürlich, wenn man selbst Gastgeber ist. Wenn Sie aber der Gast sind, dann können Sie gar nichts bestimmen, dann sind Sie ausgeliefert.

Wie mächtig sind denn Protokollchefs?

Sie sind notwendig. Es gibt aber Protokollchefs, die sind größenwahnsinnig. Die muss man ablösen.

Worin zeigt sich der Größenwahn?

Die wollen nicht nur die Tischordnung bestimmen, sondern auch das Essen und welcher Wein getrunken werden soll. Der Wein ist mir egal, das Essen ist mir auch egal. Aber mir ist nicht egal, wer zum Essen eingeladen wird.

Haben Sie Wert darauf gelegt, dass bei diesen Banketten Ihre Frau dabei war?

Wenn ein Gast mit seiner Ehefrau anreist, dann ist es selbstverständlich, dass die Ehefrau des Gastgebers auch am Tisch sitzt. Sonst habe ich meine Frau zu diesen Essen nicht eingeladen.

Daraus schließe ich, dass sich Ihre Frau auch nicht gerade darum gerissen hat.

Stimmt. Sie hatte ihre eigene Agenda. Sie war genauso wenig an feierlichen Essen interessiert wie ich. Und genauso wenig war sie interessiert an unvermeidlichen Begegnungen mit ausländischen Potentaten.

Gab es denn ein Bankett, von dem Sie sagen würden: Das hatte historische Bedeutung?

Es gab einmal ein Essen in London, dem war ein Vortrag vorangegangen, den ich gehalten hatte; wir waren etwa zwölf Leute. Und dann habe ich Tacheles geredet, das hat Wellen geschlagen, sollte es auch. Das hat dazu geführt, dass später der berühmte oder berüchtigte Nato-Doppelbeschluss zustande kam.

Und was war Ihr schlimmstes Essen?

Ein Essen in Harvard. Ich saß als einziger Ausländer an einem Abendbrottisch mit sechs oder sieben Männern, darunter zwei Nobelpreisträgern. Die haben sich nur darüber unterhalten, wie sie am besten ihr Geld anlegen. Es war schrecklich, ich werde das nicht vergessen.

13. September 2007

»Ich war hart genug«

Über Machtworte in der Politik

Wofür stehen Machtworte in der Politik?

Mir ist dieses Schlagwort immer verdächtig gewesen.

Aber damit kennt sich doch gerade der Politiker Helmut Schmidt aus!

Nein. Selbst ein so großer strategischer Führer wie Winston Churchill hat zwar bedeutende Worte im Laufe seines Lebens gesprochen, insbesondere während des Zweiten Weltkriegs und danach. Ich denke an seine berühmte Rede vor dem Unterhaus kurz nach Kriegsbeginn, bei der er dem eigenen Volk beibringen musste, dass er nicht mehr zu bieten habe als *blood, toil, tears and sweat – also Blut, Mühsal, Tränen und Schweiß*. Ein Machtwort war das nicht, aber ein gewaltiges Wort, das das ganze englische Volk zum Widerstand gegen Hitler mobilisierte. Machtworte hat Hitler gesprochen oder Stalin. Ein demokratischer Regierungschef, der seinem Parlament verantwortlich ist, der sollte keine Machtworte aussprechen.

Lassen Sie uns über die Bundesrepublik Deutschland reden: »Basta«, das berühmte Wort des Bundeskanzlers Gerhard Schröder, was war das anderes als ein Machtwort?

Das war kein Machtwort. Er hätte auch sagen können: Ihr könnt reden, was ihr wollt, ich bleib bei meiner Meinung.

Von Helmut Kohl ist unter anderen das geflügelte Wort überliefert »Entscheidend ist, was hinten rauskommt«. Meines Erachtens hat man sich zu Unrecht darüber lustig gemacht, der Satz ist schwer zu widerlegen.
Ja, er ist meistens richtig. Wenn das, was hinten rauskommt, aber moralisch nicht gerechtfertigt ist, dann ist das Wort falsch. Ich habe die Ausdrucksweise nur deshalb nicht sonderlich glücklich gefunden, weil sie ja eigentlich in einem biologischen Vorgang endet.

Den Sie in Ihren Äußerungen gern heranziehen!
Aber dann sage ich auch Scheiße und nicht »was hinten rauskommt«.

Der SPD-Vorsitzende Kurt Beck hat mit diesem Ausdruck gerade ein Machtwort zu sprechen versucht. An die Adresse illoyaler Genossen gerichtet soll er gerufen haben: »So einen Scheiß lasse ich mir nicht bieten!«
Die Journalisten haben das ein Machtwort genannt, das ist eine abwegige Klassifikation. Ich würde das Wort wirklich nur gebrauchen, wenn ein Machthaber aus dem Handgelenk Entscheidungen trifft und zum Beispiel sagt: Dem Kerl gehört die Rübe abgenommen, ich wünsche ein Todesurteil.

Sie haben solche Machtworte noch als Zeitzeuge erlebt.

Erlebt habe ich das nicht, aber ich weiß, dass solche Worte gesprochen worden sind.

Sie saßen doch einmal als Zuhörer im sogenannten Volksgerichtshof, als der oberste Nazi-Ankläger Roland Freisler seinem schrecklichen Handwerk nachging.

Der Freisler wusste genau, dass er die Leute zum Tode zu verurteilen hatte. Der brauchte dazu gar kein Machtwort Hitlers. Der wusste, was man von ihm erwartete.

Vielleicht können wir für die heutige Zeit das Machtwort ersetzen durch »Worte, die bleiben«. Welches Ihrer Worte wird eine bleibende Wirkung haben?

Das kann ich nicht aus dem Handgelenk beurteilen. Wahrscheinlich gar keines.

Haben Sie manchmal das Gefühl, Sie hätten in Krisensituationen deutlichere Worte finden müssen – zum Beispiel in der Endphase Ihrer Kanzlerschaft, als die Genossen immer gemeiner wurden?

Ich war schon für manche ein harter Brocken, aber eine größere verbale Schärfe wäre abwegig gewesen. Ich war hart genug.

20. September 2007

»Ich bin kein ängstlicher Mensch«

Über persönliche Sicherheit

Lieber Herr Schmidt, der ehemalige Terrorist Peter-Jürgen Boock hat gerade erklärt, dass die RAF 1977 geplant hatte, Sie zu entführen.
Das habe ich gelesen.

Waren Sie erschrocken? Angeblich hatte man Ihr Haus in Langenhorn beobachtet.
Ich hab nur gedacht: Das wusste ich ja schon immer.

Sie wussten das?
Damals hab ich es unterstellt, nicht gewusst. Wir haben mit der Gefahr gerechnet.

Ihr Bungalow wird heute noch Tag und Nacht bewacht, es gibt sogar ein Wachhaus für die Polizei. Wurde Ihr Haus in Ihrer Zeit als Kanzler auch schon so geschützt?
Wahrscheinlich war es besser geschützt als heute.

Kennen Sie überhaupt das Gefühl, Angst um Ihr Leben zu haben?
Nein. Angst um das Leben anderer schon, Angst um das Leben meiner Frau zum Beispiel, die mehrfach krank gewesen ist. Ich selber bin kein ängstlicher

Mensch, das liegt mir nicht so. Vielleicht ist das auch eine Folge der Kriegserfahrung. Man hat gelernt, mit Angst zu leben und sie zu überwinden.

Ihre Frau ist ähnlich unerschrocken.

Das könnte sein. Das ist wahrscheinlich eine Entwicklung, die sich aus der Lebenserfahrung ergeben hat. Im Krieg haben wir viel Angst gehabt. Ich hatte auch Angst vor den Nazis. Danach eigentlich keine Angst mehr. Vielleicht mit einer Ausnahme: Ich habe mal in einem Flugzeug gesessen, dessen Fahrwerk nicht rauswollte. Beim ersten Anflug hatte es schon nicht funktioniert, beim zweiten Mal auch nicht, obwohl der Pilot einen sehr steilen Anflug versuchte. Da habe ich Angst gehabt, ja. Das ist aber auch schon über 50 Jahre her.

Haben Sie ein Stoßgebet gen Himmel geschickt?

Nee, an den lieben Gott habe ich dabei nicht gedacht! Beim dritten Anflug hat's funktioniert. Allerdings mussten wir dann, weil das Flugzeug nicht weiterfliegen konnte, über Nacht auf Neufundland bleiben, in heruntergekommenen Baracken, die aus dem Krieg stehen geblieben waren. Die habe ich auch in Erinnerung.

Würden Sie Menschen, die bedroht werden, empfehlen, möglichst wenig daran zu denken, um den Tätern nicht den Triumph des Schreckens zu gönnen?

Ich würde mich sehr scheuen, anderen Rat zu geben. Ich bin ja kein Psychotherapeut und auch kein Pastor. Aber wenn mich einer um Rat fragt, dann würde ich dem Sinne nach mit dem berühmten Serenity Prayer des amerikanischen Theologen Reinhold Niebuhr antworten. Er bittet den Herrn, ihm die Kraft zu geben, Dinge, die er ändern kann, tatsächlich zu ändern, ihm zweitens die Gelassenheit zu geben, Dinge zu ertragen, die er nicht ändern kann, und drittens die Weisheit, beides voneinander zu unterscheiden. Wenn einer bedroht ist, kann er das von sich aus nicht ändern. Also muss er es ertragen, am besten in Gelassenheit.

Ist es manchmal nicht auch vorteilhaft, Leibwächter zu haben?
Wenn man alt und wacklig ist wie ich und die Sicherheitsbeamten freundlich genug sind, den Koffer oder die Aktentasche zu tragen, ist das sehr angenehm.

Einmal habe ich bei Ihnen zu Hause einen Ihrer ehemaligen Sicherheitsbeamten getroffen, ein Mann wie ein Schrank, sehr liebenswürdig. Sie haben also einige Bewacher offenbar ins Herz geschlossen.
Ja, durchaus. Der Mann, von dem Sie sprechen, der gehört quasi zur weiteren Familie, und er ist nicht der Einzige.

27. September 2007

»Ich kann keine Texte behalten«

Über Politik und Rhetorik

Lieber Herr Schmidt ...

... Sagen Sie mal, können Sie mir erklären, warum so viele Journalisten nicht zu verstehen sind, wenn sie reden?

Sie meinen die Kollegen eben in unserer Politikkonferenz?

Ja, aber nicht nur da. Ich meine, dass jemand, der ein klares Urteil hat und analytisch denken kann, auch eine gute Stimme und Artikulationsvermögen haben sollte.

Na ja, Bismarck zum Beispiel soll eine ziemlich hohe Stimme gehabt haben.

Ist natürlich Pech, wenn einer eine hohe Stimme hat. Aber das kann man ausgleichen. Dann muss man langsam sprechen. Ich spreche auch viel langsamer als die Kollegen hier.

Sie haben leicht reden, Sie können wunderbar modulieren. Haben Sie mal Sprechtraining gehabt?

Nö, das habe ich im Laufe des Lebens gelernt.

Sie reden wie ein Schauspieler.

Ja, aber ich würde kein Schauspieler sein können, weil ich die Texte nicht behalte.

Sind Sie wirklich ganz ohne Imageberater ausgekommen in Ihrem langen Politikerleben?

So was gab's damals nicht, und ich wäre auch nie auf die Idee gekommen. Ich habe allerdings großen Wert darauf gelegt, dass der Pressesprecher meiner Regierung sein Metier beherrschte und das Taktgefühl hatte, das dazu notwendig ist. Das war Klaus Bölling, der war damals 30 Jahre jünger als heute ...

... auch ein sehr telegener, also öffentlichkeitswirksamer Mann ...

... er konnte sehr gut mit seinen journalistischen Kollegen umgehen, und er hat ein politisches Gespür und politische Urteilskraft. Dann habe ich mal ein Jahr lang oder anderthalb jemanden aus der ZEIT geholt, Kurt Becker – ein wunderbarer Kerl! Aber ausgerechnet mit Journalisten konnte er nicht so gut umgehen.

Haben Sie jemals einen politischen Redner erlebt, von dem Sie sagen würden, der ist sogar besser als ich?

Jedenfalls habe ich einen erlebt, der mindestens genauso gut war: Das war Franz Josef Strauß.

Hat der improvisiert?

Ja, so wie ich auch. Das Problem bei ihm war nur, dass manchmal Unglücke passierten, wenn er extemporierte.

Ist Ihnen das nie passiert?

Ich hatte vielleicht mehr Selbstdisziplin.

Und heute, welche Politiker finden Sie als Redner brauchbar?

Das kann ich nicht beurteilen.

Es gab bis zur letzten Bundestagswahl immerhin einen Joschka Fischer!

Der Joschka Fischer ist in meinen Augen ein begabter Demagoge, ein glänzender Sprecher. Aber sonst: bis gestern Friedensbewegung und plötzlich, 1998, ein Bellizist – ob es Bosnien, Kroatien oder Herzegowina war. Und das dann auch noch im Namen von Auschwitz, das ist Fischer.

Sie reden jetzt wie ein Linker bei den Grünen. Haben Politiker nicht das Recht, sich zu verändern?

Es kann ja sein, dass er inzwischen erwachsen ist, ein bisschen spät im Leben, er dürfte jetzt beinahe sechzig sein.

Tun Ihnen manche Ihrer Urteile oder Polemiken auch mal leid?

Manche Polemik kam aus dem Handgelenk, aber sie war gleichwohl in dem Bruchteil der Sekunde, ehe sie ausgesprochen war, doch überlegt und kontrolliert. Deshalb glaube ich, dass ich in 30 Jahren Zugehörigkeit zum Parlament kaum etwas gesagt habe, was ich später hätte bereuen müssen.

4. Oktober 2007

»Drüben am Walde kängt ein Guruh«

Über Herbst, Poesie und abwegige Sentimentalitäten

Lieber Herr Schmidt, lassen Sie uns heute über den deutschen Herbst sprechen.
Bitte nicht schon wieder!

Ich meine nicht das Jahr 1977, sondern den Herbst als die typische deutsche Jahreszeit. Rührt die Liebe der Deutschen zum Herbst daher, dass sie so melancholisch veranlagt sind?
Stimmt denn das, dass die Deutschen den Herbst besonders lieben?

Wir haben nachgeschaut: Zu keiner anderen Jahreszeit bekommt man zum Beispiel in einer deutschen Buchhandlung mehr Gedichtbände als im Herbst.
Richtig ist jedenfalls, dass die Deutschen eine sentimentale Ader haben, vielleicht noch ein bisschen mehr als die Engländer oder als die Holländer, nicht notwendigerweise mehr als die Franzosen, die Italiener oder die Polen.

Mögen Sie den Herbst?
Ich liebe klares Wetter. Wenn wir einen schönen kla-

ren Himmel im Herbst haben, dann mag ich ihn sehr gerne. Wenn wir aber Hamburger Nebel und Schmuddelwetter haben, dann mag ich ihn gar nicht.

Sie gehören ja noch jener Generation an, die in der Schule Gedichte auswendig lernen musste.
Ich selber eher wenig, in meiner Schule kaum.

Können Sie sich wenigstens an ein paar der unzähligen Herbstgedichte deutscher Dichter erinnern?
Aus dem Handgelenk fällt mir keines ein.

Dieses dürften Sie vielleicht kennen: »Seufzend in geheimer Klage/Streift der Wind das letzte Grün;/Und die süßen Sommertage,/Ach, sie sind dahin, dahin!«
Dies Gedicht ist mir nicht in Erinnerung.

Aber vielleicht dieses, Sie waren doch mal Segler: »Am Ufer standen wir und hielten/Den Segler mit den Augen fest –/Das ist der Herbst! wo alles Leben/Und alle Schönheit uns verläßt.«
Also, dass im Herbst uns das Leben verlässt, das ist dummes Zeug. Die Schönheit überdauert sogar den Winter. Das ist eine abwegige Sentimentalität. Von wem sind die beiden Gedichte?

Theodor Storm.
Ah, ja. Der Storm liegt meiner Frau mehr als mir. Und Gedichte habe ich nie im Leben behalten können. Es liegt mir nicht, ich kann nicht mal das Vaterunser mit Sicherheit richtig aufschreiben.

Haben Sie denn selber als junger Mensch Zwei- oder Vierzeiler geschrieben?

Nein.

Auch nicht in der Phase, als Sie gemalt und musiziert haben?

Als ich ein junger Mann war, sagen wir 17, 18 Jahre alt, da habe ich Storm'sche Gedichte oder Novalis, die Romantiker oder die Balladen von Fontane gelesen. Aber ich hätte sie nie gelernt.

Und Goethe: »Über allen Gipfeln ist Ruh ...«?

Da haftet in meinem Gedächtnis eher die Ringelnatz'sche Persiflage.

Die kenne ich nicht. Wie geht die?

»Drüben am Walde/kängt ein Guruh –/warte nur balde/kängurst auch du.« Das ist haften geblieben, weil es den armen Goethe verballhornt.

Das haben Sie bestimmt in Ihrer Schulzeit gelernt.

Wahrscheinlich. Es ist zufällig hängen geblieben.

Der Herbst ist auch die Jahreszeit der Erkältungen. Darunter haben Sie oft gelitten.

Ich habe unter tausend Erkrankungen gelitten, aber die Erkältung ragt da nicht heraus. Ich bin seit vielen Jahren nicht mehr erkältet gewesen. Vielleicht liegt das ja am Nikotin.

11. Oktober 2007

Terrorismus und Panikmache

Gegen Übertreibungen

Lieber Herr Schmidt, unser Innenminister warnt vor Terroranschlägen mit nuklearem Material, unser Verteidigungsminister sagt, er würde ein Passagierflugzeug abschießen lassen, wenn es auf ein Hochhaus gesteuert wird. Dürfen Minister das – die Menschen so ängstigen?

Politiker sollten keine Ängste schüren. Wenn aber ernste Gefahren drohen, dann ist es ihre Pflicht, die Gesellschaft darauf hinzuweisen: Diese Gefahr steht vor der Tür, also seht zu, dass ihr Sandsäcke im Hause habt! So einen Fall habe ich erlebt.

Die Flutkatastrophe in Hamburg.

Ja. Da habe ich meine Frau in Langenhorn rumgeschickt, von Haus zu Haus zu gehen und den Leuten zu sagen: Schafft euch einen Wasservorrat an, möglicherweise wird demnächst das Leitungswasser verseucht sein. Ob es zulässig ist, dass eine politische Führung Ängste erzeugt, obwohl das sachlich nicht geboten ist – etwa, um die Aufmerksamkeit auf sich zu konzentrieren? Da würde ich generell antworten: Nein, das ist unzulässig.

Meinen Sie jetzt die Minister Schäuble und Jung?

Man soll die Leute nicht mit hypothetischen Gefahren ängstigen. Abgesehen davon halte ich es für verfehlt, für einen zukünftig denkbaren, aber keineswegs sicheren Fall eines terroristischen Angriffs das dann gebotene Handeln der Regierung im Voraus durch Gesetz festzulegen. Es ist auch falsch, weil es den Terroristen von vornherein verrät, wie der Staat reagieren wird.

Sie haben als Finanzminister während der ersten Ölkrise 1973 den ersten autofreien Sonntag ausgerufen. Wahrscheinlich wussten Sie ganz genau um die symbolische Wirkung leerer Autobahnen.
Richtig. Die Einsparung von Sprit war nicht besonders groß. Das Sonntagsfahrverbot hatte vornehmlich den Zweck, der öffentlichen Meinung klarzumachen: Dies ist eine ernste Situation. Die wurde ja dann noch viel ernster: Es gab eine Weltrezession. Wir wollten klarmachen: Weil das ein ernster Abschwung ist, können wir manche der Dinge, die wir versprochen haben, gegenwärtig nicht finanzieren.

War es schwer, den autofreien Sonntag durchzusetzen?
Nein.

Hat die Autoindustrie nicht protestiert?
Das weiß ich nicht mehr, darauf wäre es aber nicht angekommen.

Würden Sie denn sagen, dass wir Deutschen im Umgang mit dem Terror zu naiv sind?
Der gegenwärtige Terrorismus ist im Wesentlichen

islamistischer Herkunft. Davon ist Deutschland bisher nur am Rande berührt worden. So bleiben wir gegenüber der terroristischen Gefahr relativ gelassen. Ob es bei der Gelassenheit bliebe im Falle, dass wir einen schweren Angriff erlebten? Das kann man nur hoffen!

Sie haben einmal gesagt, das Jammern mancher Ostdeutscher fänden Sie »zum Kotzen«. Eigentlich hätten Sie auch sagen können: Sie finden Politiker zum Kotzen, die den Menschen immer nur vermitteln, es ginge ihnen schlecht.

Daran sind nicht nur Politiker schuld, daran ist auch ein Teil des Journalismus mitschuldig.

Wir sind natürlich an allem schuld!

Ich meine das ernst. Da brauchen Sie nur mal die *Bild*-Zeitung aufzuschlagen. Oder schauen wir in unser eigenes Blatt oder in seriöse Tageszeitungen und Regionalzeitungen: Überall lesen Sie zum Beispiel Überschriften, wie viel Prozent arme Kinder in Deutschland leben. Manches, was man heute als Armut beklagt, wäre in meiner Kindheit beinahe kleinbürgerlicher Wohlstand gewesen.

18. Oktober 2007

Man muss sie nehmen
wie das Wetter

Über Journalisten

Lieber Herr Schmidt, wenn Sie an Ihre politischen Anfänge denken, hatten Sie es damals leichter mit den Medien, als es Politiker heute haben?

Weder leichter noch schwerer. Die Medien spielten auch damals eine wichtige Rolle. Als ich in die Politik eintauchte, damals war ich 35 Jahre alt, gab es nur zwei Medien, die Tageszeitung und das Radio. Und dann noch den *Spiegel*, die *ZEIT* und einige wenige andere.

Waren weniger Medien umso mächtigere Medien?

Nicht so mächtig wie heute. Die waren auch nicht in demselben Unmaße in Konzernen zusammengefasst wie heute. Der erste große Medienkonzern wurde dann der Springer-Verlag.

Sie haben Axel Springer gekannt. Haben Sie ihn geschätzt?

Wir haben uns ganz gut gekannt, und ich habe ihn durchaus geschätzt, bis in die späten Fünfzigerjahre, als er tief enttäuscht von einem Moskaubesuch zurückkam. Von da an hat er sich verändert, er wurde einseitig. Da ist unser Verhältnis abgekühlt.

Es mag weniger Medienkonzentration gegeben haben, aber es gab doch Verleger und Publizisten, die großen politischen Einfluss genommen haben.

Ja, aber sie waren alle verschiedener Meinung, ob in der Innen- oder Sozialpolitik, in der Wirtschafts- oder Außenpolitik. Heute gibt es unverkennbar eine Reihe von Massenmedien, die der Linie ihres Verlages folgen. Das gilt auch für einige Fernsehanstalten.

Neben Axel Cäsar Springer haben Sie es mit den legendären Publizisten Rudolf Augstein, Gerd Bucerius und Henri Nannen zu tun gehabt. Wer war der Mächtigere?

Das ist eine interessante, aber nicht die zentrale Frage. Wichtiger wäre die Frage: Wer war der Unabhängigere?

Wer war's?

Das waren sie alle drei, sehr unabhängig. Und das war in meinen Augen ein gewaltiges Positivum. Es hat aber zum Beispiel Henri Nannen nicht davor bewahrt, sich bisweilen zu verrennen. Er war mehr Blattmacher als Verleger. Augstein war beides, und Bucerius war nur Verleger. Aber auch Blattmacher und Verleger müssen auf die Verkäufe achten. Und da waren sie alle drei nicht ganz unabhängig, Bucerius vielleicht noch am meisten.

Was ist Ihre Lebenserfahrung: Kann man als Politiker auch gegen die Meinung der Medien bestehen?

Ja, man muss nur fähig sein, im Fernsehen einen guten Eindruck zu machen.

Gerhard Schröder ist ein Beispiel dafür.

Ja, auch Willy Brandt ist ein Beispiel – und Helmut Kohl nach 1989.

Haben Sie sich mal besonders schlecht behandelt gefühlt von den Medien?

Nein. Ich hab die so genommen, wie man das Wetter nehmen muss. Man kann das Wetter nicht ändern, ob es regnet oder die Sonne scheint.

Haben Sie sich nie beschwert?

Beschwert? Nein!

Glaube ich nicht.

Was ich getan habe, war, Leserbriefe zu schreiben. Aber selten, vielleicht alle drei Jahre einmal.

Warum dann das böse Wort von den Wegelagerern?

Der Wegelagerer! Das hat ein Journalist vom anderen abgeschrieben. In Wirklichkeit war das so, dass die Tagesreporter vom Fernsehen überall mit ihrer Flüstertüte auf einen lauerten, selbst, wenn man zum Lokus marschiert ist. Da hab ich gesagt: »Ihr Wegelagerer macht mir hier Platz, ich muss pinkeln!«

Jetzt sind Sie schon fast 25 Jahre bei der *ZEIT*. Sind Sie inzwischen wenigstens ein bisschen Journalist?

Ich fürchte nicht, und wissen Sie, warum?

Mir schwant nichts Nettes ...
... weil ich es mir einfach nicht abgewöhnen kann,
gründlich zu arbeiten! (Helmut Schmidt lacht)

25. Oktober 2007

Skilaufen war zu teuer

Über den Sport

Lieber Herr Schmidt, Ihr Lieblingsdichter und Freund Siegfried Lenz hat den Roman »Brot und Spiele« geschrieben ...

... muss Sie enttäuschen, ich kenne dieses Buch von Siggi Lenz leider nicht.

Es handelt von einem Langstreckenläufer, der für seine Sportkarriere alles aufs Spiel setzt und scheitert. Parallelen zur Politik sind natürlich rein zufällig.

Gut, das Prinzip »Brot und Spiele«, panem et circenses, ist mindestens 2000 Jahre alt. Es diente im alten Rom dazu, dem Kaiser oder den Leuten, die Kaiser werden wollten, klarzumachen, worauf es ankam, wenn man dieses große römische Reich dauerhaft regieren wollte. Leider ist dieses Prinzip auch heute noch zweckmäßig, insbesondere in einer Demokratie.

Mehr noch als in Diktaturen?

Ja, weil man in einer Demokratie darauf angewiesen ist, dass man gewählt wird. Und dazu sind beide Dinge notwendig, sowohl die materielle Zufriedenheit als auch die circensische Unterhaltung. Ich nenne nur ein Beispiel: Die vielen Talkshows heute – das ist ein Ersatz für circenses.

Zu viel der Ehre! Ich hätte eher an die Fußballweltmeisterschaft gedacht.

Die gehört auch dazu. Das reicht von der Fußballweltmeisterschaft über die Tour de France bis hin zu
Anne Will.

**War die Fußballweltmeisterschaft nicht mehr: ein
identitätsstiftender Moment für die Deutschen?**

Die gute Stimmung war jedenfalls echt. Und die
Leute sind alle fußballinteressiert.

Sie etwa auch?

Das nicht, aber ich würde es ungern sehen, wenn der
HSV aus der Bundesliga absteigen würde.

**Hielt man in Ihrer Generation eher zum HSV oder
zum FC St. Pauli?**

Das kommt drauf an, wo man aufgewachsen ist.
Mein Freund Hans Apel war immer Anhänger von
St. Pauli, und ich bin immer ein ganz weit entfernter
Anhänger des HSV gewesen.

**Noch nie waren so viele Deutsche Mitglied in einem
Sportverein oder in einem Fitnessclub.**

Das hängt mit der Verstädterung der Gesellschaft
und dem Rückgang der körperlichen Arbeit zusammen.
Vor 100 Jahren auf der Werft in Hamburg zu arbeiten,
als Nieter oder als Schweißer, das war in erheblichem
Maße körperliche Arbeit. Die Sportvereine schaffen
den Ausgleich für die Abwesenheit körperlicher Arbeit,
jedenfalls für die aktiven Mitglieder, nicht für die alten
Herren, die nur zugucken.

In der Dokumentation, die Sandra Maischberger über Sie gedreht hat, entsteht auch nicht gerade der Eindruck, als seien Sie besonders sportlich gewesen.

Der Eindruck ist nicht ganz richtig. Als junger Mann war ich sehr sportlich. Mit der Ausnahme von Skilaufen, das zu teuer war für einen Hamburger, habe ich fast alles gemacht: Leichtathletik, Handball, Fußball, Rudern, Segeln.

Am liebsten sind Sie bestimmt gesegelt?

Ich habe noch bis nahe an das achtzigste Lebensjahr selber Jolle gesegelt. Wenn Sie kentern, müssen Sie in der Lage sein, im Wasser das Boot selber wieder aufzurichten und weiterzusegeln. Das alles habe ich gemacht, bis meine Frau der Meinung war: Nun bist du zu alt, um das Kentern zu riskieren, denn das kalte Wasser könnte dir einen Herzschlag bereiten.

Ich kenne nur einen ehemaligen Spitzenpolitiker, der in etwa Ihr Alter hat und immer noch Sport treibt: Richard von Weizsäcker.

Ja, der ist viel fitter.

Ein bisschen.

Nein, bitte nichts vormachen: Gesundheitlich geht es mir schon seit vielen Jahren nicht gut.

31. Oktober 2007

Vor Loki gab es keine

Über Erwachsenwerden
und erste Liebe

Lieber Herr Schmidt, wann haben Sie eigentlich zum ersten Mal gedacht: Jetzt bin ich erwachsen?

Ich glaube, dieser Gedanke ist mir so nie gekommen.

Fühlten Sie sich als Jugendlicher nie minderwertig gegenüber Erwachsenen, so wie das Stefan Zweig beschreibt in seinem Buch »Die Welt von gestern«?

Nein. Als ich endlich aus dem Krieg nach Hause kam, war ich beinahe schon 27 Jahre alt, und was formale Bildung und Ausbildung angeht, hatte ich nichts als das Abitur. Trotzdem war ich ein erwachsener Mann. Ich war inzwischen ja auch verheiratet.

Gab es noch irgendetwas anderes als diesen verdammten Krieg, das Sie und Ihre Generation sich eher erwachsen fühlen ließ als die Generation heute?

Mich hat auch etwas anderes sehr geprägt, ich habe Ihnen das schon mal erzählt: der Umstand, dass ich einen jüdischen Großvater hatte, was mein Vater und später mein Bruder und ich den Behörden gegenüber durch eine Manipulation des Arier-Nachweises verheimlicht haben. Wir hatten natürlich Angst, dass das rauskommt. Mein Vater war von dieser Angst viel stär-

82

ker erfasst als ich. Er fürchtete, seine Stelle im Schuldienst zu verlieren.

Sind Sie irgendwann einmal in Ihrem Leben stolz darauf gewesen, einen jüdischen Großvater zu haben?
Nein, weder stolz noch sonst was. Ich war auf den Großvater eigentlich eher böse, weil er seinen Sohn verleugnet hatte.

War Ihr Vater ein uneheliches Kind?
So war das.

Und sind Sie Ihrem Großvater jemals begegnet?
Nein.

Ist man mit 18 Jahren Ihrer Meinung nach wirklich schon so erwachsen, dass man wählen gehen kann?
Natürlich gibt es junge Menschen, die mit 18 ganz genau wissen, was sie tun und warum sie es tun. Aber generell hätte ich die Volljährigkeit nicht von 21 aufs 18. Lebensjahr heruntergesetzt, auch das Wahlalter nicht. Jemanden für volljährig zu erklären, der noch in der Berufsschule oder in der Unterprima auf der Schulbank sitzt, halte ich nicht für sonderlich sinnvoll.

Das ist wohl kaum wieder zurückzudrehen.
Nein. Ich hätte es aber gar nicht erst geändert.

Durfte sich Ihre Generation so etwas wie Pubertät leisten? Gab es diesen Begriff damals überhaupt?

Als ich in der Pubertät war, ziemlich spät, habe ich den Begriff nicht gekannt. Den hat es unter Ärzten oder Pädagogen aber sicher gegeben.

Kannten Sie denn die Symptome, also Pickel, Liebeskummer oder Stimmbruch?
Ja, Stimmbruch natürlich. Pickel nicht. Erste Liebe, ja, da muss ich lange nachdenken.

Vor Loki gab es keine, Herr Schmidt!
Das ist richtig. Ich versuche nachzudenken, wann das war. 1934 oder 1935. Wie alt war ich da?

Sie sind Jahrgang 1918.
Also bin ich erst im Dezember 1934 16 Jahre alt geworden. Aber wir waren schon als Kinder befreundet, da war sie zehn und ich war zehn.

Und dann haben Sie mit 16 gemerkt, dass es mehr war als Freundschaft.
Ein bisschen mehr, ja, mit 15. Aber dass es sehr viel mehr war, habe ich erst 1941 gemerkt.

Kurz bevor Sie heirateten?
Ein Jahr vorher. Als ich nach Russland musste.

Haben Sie viel an sie gedacht, als Sie in Russland waren?
Viel gedacht, sagen Sie? Ja, und wie ...

8. November 2007

Wachsende Autoschlangen

Stippvisite in Moskau

Lieber Herr Schmidt, Sie werden in wenigen Wochen 89 Jahre alt. Aber nichts hat Sie davon abhalten können, jetzt nach Russland zu fahren. Wie war's denn?

Überwältigend ist: Wirtschaftspolitisch liegt Russland zwar 25 Jahre hinter den Chinesen zurück, aber das Tempo des Wachstums ist beinahe das gleiche.

Merkt man das schon am Stadtbild Moskaus?

Mein vorletzter Besuch liegt zwei Jahre zurück. Inzwischen ist da so viel Verkehr, dass Sie, wenn Sie Pech haben, vom Zentrum bis zum Flughafen bis zu zwei Stunden brauchen. Ich habe die Leute gefragt: Wie viele Autos gibt es in Moskau? Das wusste keiner, man schätzte, zwei bis drei Millionen. Und die meisten Autos waren Privatfahrzeuge.

Ein Aufschwung für alle?

Ein für russische Verhältnisse unglaublicher Aufschwung – ich kenne Moskau seit über 40 Jahren. Aber der Aufschwung ist offenbar auf die großen Städte beschränkt.

Finden Sie das überraschend?

Jedenfalls ist der Fortschritt seit Jelzin enorm. Wladimir Putin würde nach meiner Vermutung bei einer echten Volksabstimmung zwischen 70 und 80 Prozent Zustimmung erhalten.

Auch wenn er die Opposition nicht so unterdrücken ließe, wie er es jetzt tut?
Das war in Russland nie anders.

Finden Sie das tröstlich, dass es nie anders war?
Nein. Aber Russland ist seit Iwan dem Schrecklichen in seiner ganzen Geschichte immer autoritär regiert worden – und im Verhältnis dazu ist das gegenwärtige Regime glimpflich.

Wenigstens sagen Sie nicht, dass Putin ein lupenreiner Demokrat ist.
Das wäre auch Unfug. Putin ist kein Demokrat, aber er ist ein aufgeklärter Potentat. Leider fühlt er sich von der amerikanischen Regierung in keiner Weise ernst genommen.

Ist das gefährlich für den Weltfrieden?
Nein, für den Frieden der Welt geht von Russland heute viel weniger Gefahr aus als etwa von Amerika. Das können Sie ruhig so drucken.

Wie würden Sie denn das Verhältnis der Russen zu den Deutschen und umgekehrt beurteilen?
In beiden Richtungen erstaunlich gut.

Woran liegt das?
Weil die Russen den Krieg gewonnen haben, gibt es

keinen Hass gegenüber den Deutschen; und wenn Sie sich in Hamburg oder Berlin oder in München mit den Leuten unterhalten, gibt es keinen Hass auf die Russen, eher noch in der ehemaligen DDR.

Jedenfalls von deutscher Seite eine manchmal etwas unheimliche Faszination. Welcher russische Potentat war Ihnen denn der angenehmste?
Nicht unbedingt der angenehmste, aber der menschlichste war Breschnew. Er zeigte seine Emotionen, der konnte eine Träne weinen.

So, wie sich Deutsche einen Russen vorstellen?
Ja, obwohl ich gar nicht weiß, ob er ein echter Russe war oder möglicherweise ein Halbukrainer.

Mussten Sie mit einem dieser Russen auch mal saunieren oder auf die Jagd gehen?
Hab ich niemals getan. Ich bin normalerweise ein kühler Mensch, und gegenüber Ausländern bin ich auch nicht freundlicher. Da käme keiner auf die Idee, mich in seine Sauna einzuladen.

Ist so eine Reise nach Russland nicht auch eine wahnsinnige Anstrengung für Sie?
Insbesondere auf Flughäfen, erst muss man den Flur rauflaufen, dann dahin marschieren, wo die Autos stehen. Das Laufen ist schwierig.

15. November 2007

Den inneren Schweinehund überwinden

Über das Schreiben

Lieber Herr Schmidt, als ob Ihre Reise nach Russland nicht schon anstrengend genug gewesen wäre, sind Sie gleich nach Mallorca weitergeflogen.

Und bin, bitte sehr, mit 130 Seiten Manuskript wiedergekommen.

130 Seiten, nach nur zwei Wochen?

Ja.

Wie schreiben Sie das?

Alles mit der Hand. Die arme Frau Niemeier ...

... Ihre Sekretärin hier bei der *ZEIT* ...

... ja, sie muss die Handschrift entziffern. Das kann sie aber. 130 Seiten in ihrer weitzeiligen Maschinenschrift – das sind hinterher im Buch vielleicht 60 Seiten.

Schreiben Sie druckreif, oder ändern Sie noch viel am Manuskript?

Ich mache da noch viel dran. Das begann schon auf Mallorca, nachdem mir Frau Niemeier die Seiten zurückgefaxt hatte.

Und wie darf man sich das vorstellen: Sitzen Sie in einer Finca und schließen sich zum Schreiben ein?

Ich war in einem Hotel, das ich nur ein einziges Mal verlassen habe. Aber ich sitze nicht den ganzen Tag am Schreibtisch, ich muss viel schlafen. Manchmal habe ich auf dem Balkon gesessen und mir die Sonne ins Gesicht scheinen lassen.

Sind Sie ein Autor, der unter Schmerzen schreibt, oder macht Ihnen das Schreiben auch Spaß?
Es macht mir Spaß, aber erst, wenn ich in Gang gekommen bin; den Arbeitsrhythmus wieder zu finden ist das Problem.

Den inneren Schweinehund zu überwinden.
Das meine ich.

Woran schreiben Sie denn?
Ich erzähle Ihnen nur, wie das Buch heißen wird: »Außer Dienst«.

Ausgeschrieben oder als Abkürzung, »a. D.«?
Nee, ausgeschrieben.

Reflexionen?
Ja, es sind innenpolitische, ökonomische und außenpolitische Reflexionen.

Sind Sie zufrieden damit?
Eigentlich könnte es schon in Druck gehen, aber drei der insgesamt fünf Kapitel sind mir zu belehrend, zu trocken.

Ihr eigener Ton ist Ihnen zu belehrend?

Ja. Da muss noch jemand ran und mit ein paar neugierigen Fragen dafür sorgen, dass es ein bisschen lebendiger wird.

Haben Sie auf Mallorca auch den großen Sturm mitbekommen?

Ja, der war doll – auf meinem Balkon standen ein Tisch und ein paar Stühle und Liegestühle. Und auf dem Tisch stand ein Aschenbecher, ein ganz schweres Ding, aus Ton. Den hat der Sturm vom Tisch gepustet, es waren nur noch Scherben auf dem Boden.

Das ist die Strafe dafür, dass Sie immer sagen, die Klimaveränderung sei nicht menschengemacht.

Ein bisschen menschengemacht schon. Aber manche hysterischen Übertreibungen sind dummes Zeug.

Wie reagieren die Hotelgäste, wenn sie den Bundeskanzler a. D. sehen?

Die kriegen mich ja kaum zu sehen, höchstens, wenn ich ankomme und mir den Schlüssel geben lasse oder wenn ich abreise. Ich gehe ja auch nicht ins Restaurant, sondern lasse mir das Essen aufs Zimmer bringen.

Nun gibt es über Sie selbst eine Flut von Büchern, ich habe mindestens 25 gezählt. Lesen Sie die auch?

Nee. Muss auch nicht sein.

So uneitel sind Sie?

Ich bin nicht uneitel, aber warum soll ich das alles lesen?

22. November 2007

Von der Kubakrise zum Nato-Doppelbeschluss

Über atomare Bedrohung

Lieber Herr Schmidt, bestand zur Zeit Ihrer Kanzlerschaft wirklich die Gefahr eines Atomkriegs, wie wir damals alle glaubten?
Seit der Kubakrise 1962 keine akute Gefahr.

War unsere Angst also übertrieben?
Ich fühlte durchaus eine Bedrohung; ich ging davon aus, dass sie auf Deutschland zielte. Die sowjetischen SS-20 konnten ja nicht Amerika treffen, sondern sie waren auf europäische Reichweiten beschränkt, und sie waren insbesondere auf Deutschland gerichtet. Jede Rakete hatte drei atomare Sprengköpfe, man konnte mit ein und derselben Rakete gleichzeitig Düsseldorf und Köln und Dortmund ausradieren.

Waren Sie dem ganz machtlos ausgesetzt?
In diesem Zusammenhang sollte ich erwähnen, dass ich die nukleare Gefahr schon lange vorher sehr deutlich gesehen habe. Als ich 1969 Verteidigungsminister wurde, stieß ich auf Pläne der Nato und der deutschen Militärs, entlang der Zonengrenze auf westdeutscher Seite Hunderte atomarer Landminen zu vergraben.

Von wem stammte dieser irrsinnige Plan?
Von der Nato. Gemeinsam mit einem Amerikaner

habe ich diesen todgefährlichen Unfug beseitigen können. Der Amerikaner hieß Melvin Laird, er war damals
amerikanischer Verteidigungsminister.

Warum hat das die Öffentlichkeit nie erfahren?
Wir haben das mit Fleiß ganz leise gemacht, um auf
beiden Seiten des Atlantiks keine großen Aufregungen
auszulösen.

**Sie hätten daraus politisches Kapital schlagen kön-
nen.**
Das tue ich vielleicht heute, indem ich darüber rede.
Ich treffe meinen Freund Melvin Laird hoffentlich Ende
dieses Monats – ein letztes Mal in diesem Leben.

**Sie haben vor, ein letztes Mal nach Amerika zu fah-
ren?**
Ja. Die damaligen Pläne waren weit gediehen. Ich
habe gesagt, wenn irgendein kommunistischer Kom-
mandeur in der Verfolgung irgendwelcher flüchtigen
Leute über die Grenze rüberkommt und eine atomare
Mine geht hoch, dann heben alle deutschen Soldaten
die Hände hoch, dann ist Schluss mit der Verteidigung.
Dieses Argument hat den amerikanischen Verteidigungsminister überzeugt. Er war genau wie ich ein alter
Soldat und wusste, was man Soldaten zumuten kann
und was nicht.

Verstehe ich nicht.
Sogar die japanischen Soldaten haben nach der ersten Bombe die Hände hochgehoben. Die zweite Bombe
auf Nagasaki war gar nicht mehr notwendig.

Die Massendemonstration im Bonner Hofgarten gegen die Stationierung amerikanischer Raketen in Deutschland wurde als regelrechte Anti-Schmidt-Demonstration verstanden, das war im Jahr 1981.

Die war auch wohl so gemeint. Aber es war im Wesentlichen die Angst vor dem Atomkrieg. Die Anti-Schmidt-Komponente spielte eine zweit- oder drittklassige Rolle; denn mein Amtsnachfolger Helmut Kohl musste etwas später eine gleiche Demonstration aushalten.

Wissen Sie noch, was Willy Brandt damals zu den Protesten von mehr als 300 000 Menschen gesagt hat?

Ich erinnere mich nicht.

Er habe auf deutschem Boden schon Schlimmeres gesehen als eine Massendemonstration für den Frieden.

Ja, das würde ich unterschreiben. Ich habe auf deutschem Boden auch schon viel Schlimmeres gesehen; Willy Brandt hat es von draußen gesehen.

Nimmt das Brandts Worten etwas?

Keineswegs. Wohl aber hat der Nato-Doppelbeschluss, gegen den die beiden Demonstrationen sich richteten, zum allerersten Abrüstungsvertrag und auf beiden Seiten zur Beseitigung aller atomaren Mittelstreckenwaffen geführt.

29. November 2007

»Die Oper –
eine nicht geglückte Kunstform«
Musikalische Vorlieben 1

Lieber Herr Schmidt, wie findet ein Religionsskeptiker wie Sie Zugang zur religiösen Innerlichkeit eines Johann Sebastian Bach?
Darüber muss ich erst mal nachdenken.

Wollen Sie es tun?
Ich würde es so sagen: Das, was Sie religiöse Innerlichkeit nennen, hat mich bei Bach nie gestört.

Und was hat Sie fasziniert?
Die unglaubliche Klarheit seiner Musik.

Kann man die loslösen von seinem Glauben?
Wenn man Bach gerecht beurteilen will, kann man es nicht. Aber mich haben die Texte seiner großen Passionen nie sonderlich berührt. Allerdings: Die Goldberg-Variationen – für mich die Inkarnation Bach'scher Musik – haben eben keine Texte.

Ist das Ihre Lieblingskomposition?
Ja.

Und Bach ist Ihr Lieblingskomponist?

Kann man so sagen. Das Wort Lieblingskomponist klingt allerdings ein bisschen zu niedlich.

Was dann? Der Komponist, der Sie am meisten berührt?

Ja, das kann man sagen. Entscheidend ist für mich die Konsequenz der Musik: Nehmen Sie nur seine Fugen. Da steckt ja auch eine ganze Menge Mathematik drin, ohne dass es wahrscheinlich Bach selbst ganz bewusst gewesen ist.

Was verbinden Sie mit den Goldberg-Variationen?

Glenn Gould! Das ist für mich der herausragende, faszinierende Interpret. Es gibt drei auf Platten aufgenommene Gould-Einspielungen, die sich alle ein bisschen unterscheiden.

Sie haben alle drei?

Ich habe sie alle abgegeben an die Hamburger Hochschule für Musik. Ich kann ja nicht mehr richtig hören.

Haben Sie Gould selbst mal erlebt?

Nein. Aber ich habe zum Beispiel Dave Brubeck erlebt. Sagt Ihnen der Name noch was?

Meinen Sie den amerikanischen Jazzpianisten?

Ja, ich habe ihn in Chicago und in New York spielen sehen, das war, glaube ich, in den Sechzigerjahren. Der hätte auf seine Art als Jazzmusiker auch Bach spielen können. Glenn Gould wäre davon vielleicht nicht begeistert gewesen, aber ich wäre es.

Ich hätte gedacht, dass Ihnen so ein norddeutscher Spätromantiker wie Brahms näher wäre als Bach.
Ich habe zwar eine romantische Ader wie alle Deutschen, und Brahms oder Mahler sagen mir durchaus etwas. Aber Bach ragt noch ein Stück heraus.

Wenn Sie Bach vor allem ohne Texte so verehren, müssen Ihnen Opern dann nicht ein Gräuel sein, vor allem die italienischen?
Nein, nicht die italienischen. Manche italienische Opern haben ja wunderbare Musik. Wenn ich an Verdi denke zum Beispiel, da gibt es diesen wunderschönen Chor der Juden im Nabucco ...

»Flieg, Gedanke, auf goldenen Schwingen ...«
Den Text kenne ich nicht. Wenn sie lateinisch oder italienisch sind, kann man die Texte sowieso nicht verstehen. Das schadet nichts. Oper ist in meinen Augen eine nicht geglückte Kunstform.

Gilt das auch für Wagner?
Das gilt insbesondere für Richard Wagner. Dessen Texte sind mir furchtbar. Aber seine Musik ist genial, wie die von Verdi auch.

Legendär sind inzwischen die Aufnahmen eines Klavierkonzertes von Bach, das Sie zusammen mit Justus Frantz und Christoph Eschenbach eingespielt haben. Mussten Sie dafür viel üben?

Dazu hatte ich gar keine Zeit, ich war Regierungs-chef. Aber als ich nach London kam und merkte, die Londoner Philharmoniker spielen das doppelt so schnell, wie ich es gewohnt war, habe ich einen Schreck bekommen.

Und dann?
Dann haben wir es hingekriegt.

19. Dezember 2007

»Ich bin ein Freund des Jazz«
Musikalische Vorlieben 2

Lieber Herr Schmidt, vorige Woche haben Sie anklingen lassen, dass Sie außer Bach gerne auch Cool Jazz hören. Weil dieser auch mehr den Intellekt anspricht als das Gefühl?

Ja, wahrscheinlich. Ich bin überhaupt ein Freund des Jazz. Was ich nicht höre, ist Rockmusik oder dergleichen. Aber der Jazz ist einer der wenigen originären amerikanischen Beiträge zur westlichen Musikkultur. Es gibt zwei amerikanische Erfindungen: Jazz und Musical. Und der Jazz hat sich ja innerhalb von nur zwei Generationen auf der ganzen Welt ausgebreitet. Heutzutage spielt er leider keine Rolle mehr.

Und der Jazz ist aus dem Blues hervorgegangen, auch eine amerikanische Erfindung. Sind die Beatles für Sie auch schon Rockmusik oder dergleichen?

Die Beatles meine ich nicht. Die haben ja mit Rock nichts zu tun. Die Beatles waren sehr melodiöse Musiker. Die habe ich hier im Starclub in den frühen Sechzigerjahren erlebt, da waren die noch Jungs, ich schätze, sie waren 19 oder 20 Jahre alt.

Haben Sie das gemocht?

Ja.

Gibt es irgendeinen Song der Beatles, den Sie im Kopf haben?

Mehrere, aber mein Gedächtnis versagt hier. Von wem ist »Summertime, and the living is easy«? Ist das von den Beatles?

Das ist von Gershwin. Wird oft mit »Yesterday« von den Beatles verwechselt.

Wahrscheinlich. Von den Beatles habe ich Melodien im Hinterkopf. Aber ich weiß nicht mehr, wie die heißen.

Welcher Cool-Jazz-Musiker ist denn Ihr Favorit?

Den habe ich Ihnen schon letzte Woche verraten: Dave Brubeck.

Haben Sie selbst am Klavier auch mal Jazz gespielt?

Nee, das kann ich nicht. Das muss man irgendwie im Blut haben oder in der Seele. Besonders faszinierend ist eben, wenn man die Bach'sche Klarheit mit dem Jazz verbindet.

Stimmt denn das überhaupt, was wir vorhin gesagt haben, dass Bach und Cool Jazz den Intellekt ansprechen? Niemand rührt einen doch so zu Tränen wie Bach.

Bach kann mich auch zu Tränen rühren, aber nicht wegen der Texte. Nur wegen der Musik.

Wie finden Sie denn die berühmten Jazz-Arrangements von Jacques Louissiers Bach-Trio?

Die haben mir viel Spaß gemacht. Und auch die Swingle Singers – ein französisches A-cappella-Oktett, das in den frühen Sechzigerjahren hochkam.

Wann haben Sie Jazz zum ersten Mal gehört?

Ich glaube, in der Nazizeit.

Heimlich?

Heimlich oder nicht, das weiß ich nicht mehr. Es war in einem Lokal hier in Hamburg.

Haben Sie dazu getanzt oder nur zugehört?

Getanzt sicherlich nicht. Eher zugehört.

Können Sie selbst gar keine Musik mehr hören?

Leider nicht. Ich hatte gestern Abend Besuch von meiner Tochter, einer inzwischen 60-jährigen Frau. Ich saß am Klavier, und meine Frau hat gesagt: »Spiel doch mal die Aria.« Ich dachte, sie meint die Aria, die das Thema der Goldberg-Variationen ist, und habe versucht, die zu klimpern. Das klang für meine Ohren scheußlich, aber sie hat es genau erkannt. Sie meinte: »Nein, die meine ich nicht. Ich meine die Aria von Johann Christoph Bach!«

War das nicht einer der Söhne Bachs?

Nein, wohl ein Onkel. Von den Söhnen war wohl Friedemann der bedeutendste Komponist.

Sie spielen immer noch Klavier?

Ja, viele Male in der Woche. Ich fantasiere meistens. Improvisieren nennen es die Musiker. Aber sonderlich gut bin ich nicht, ich kann leider keine Fuge improvisieren.

27. Dezember 2007

Lauter alte Freunde

Die letzte Reise in die USA

Lieber Herr Schmidt, wie war es in Amerika? Sie hatten vorher gesagt, es ist Ihre letzte Reise ins Ausland.

Gemeint habe ich, es sei die letzte große Reise. Innerhalb Europas – nach Frankreich, England, Schweden, Italien oder Polen – ist es keine so große Anstrengung.

Waren Sie zunächst in New York?

Ja, und ich habe lauter alte Freunde gesehen: Henry Kissinger, Paul Volcker, Michael Blumenthal, Fritz Stern, Alan Greenspan, Colin Powell, Fred Bergsten. Das ist die eine Seite. Die andere Seite ist: All meine nicht ganz optimistischen Urteile über die politische Klasse Amerikas scheinen sich zu bestätigen.

Nicht ganz optimistische Urteile – das ist ein Euphemismus. Kein bedeutender Politiker im Westen hat die Regierung Bush so hart kritisiert wie Sie.

Und ich habe davon leider nichts zurückzunehmen.

Fühlten Sie sich auch bestätigt, als jetzt bekannt wurde, dass das iranische Atomwaffenprogramm offenbar seit 2003 ruht?

Iran ist einer der Punkte, Irak ist ein anderer, Afghanistan ein dritter. Die mögliche Entwicklung Pakistans ist ein vierter Punkt. Ein fünfter sieht ein wenig besser aus: Das ist die Nahostkonferenz in Annapolis. Aber da muss man wahrscheinlich ein ganzes Jahr warten, ehe man beurteilen kann, ob sich die gelohnt hat. Eigentlich wäre eine solche Konferenz schon aus Anlass des Besuchs von Anwar al-Sadat in Jerusalem angebracht gewesen, das ist 30 Jahre her. Oder aber ein Jahr nach Amtsantritt von Bush junior. Dass er das jetzt kurz vor Schluss der Regierungsperiode macht ...

... ist der Sorge um seinen Ruhm in den Geschichtsbüchern geschuldet?
Das sieht so aus, ja. Die Erwägungen, die ihn zu dieser Konferenz bewogen haben, hätte er ein Jahr nach Regierungsantritt anstellen können und sollen. Jetzt kann er die Ergebnisse nicht mehr lange beeinflussen.

Kennen Sie das Büro von Henry Kissinger?
Ja.

Da stehen lauter Fotos: Kissinger mit den Mächtigen der Welt. In Ihrem Büro hier in Hamburg gibt es solche Bilder nicht.
Aber in meinem Berliner Büro.

Sind solche Fotos wichtig?
Sie helfen der Erinnerung. Vor allem, wenn es sich um Schnappschüsse handelt, nicht um offizielle Paradefotos.

Was wollten denn die Amerikaner von Ihnen wissen?

Die sind ungeduldig – sie wollen wissen, wie lange der europäische Integrationsprozess noch dauert. Ich habe denen gesagt, es ist ein Vierteljahrhundert her, dass Henry Kissinger sich beklagt hat, es gebe keine Telefonnummer, die man wählen kann, wenn man etwas von Europa wolle. Heute brauchen Sie sogar 27 Telefonnummern von 27 Mitgliedstaaten der EU. So wird es auch noch lange bleiben. Das hören die Amerikaner nicht gerne. Sie stellen sich vor, es müsste alles im Handumdrehen gehen.

Schätzen die Amerikaner Frau Merkel?
Sie haben einen guten Eindruck, aber der ist oberflächlich. Er beruht auf den Berichten in Zeitungen und im Fernsehen.

Sie haben uns einmal erzählt, immer wenn Sie in New York sind, versuchen Sie, ins Metropolitan Museum of Art zu gehen, um das Gemälde »Gewitter über Toledo« von El Greco zu sehen.
Ja, diesmal auch. Fast alle Bilder, die man von El Greco kennt, sind Porträts, aber dieses eine ist eine Art Fantasielandschaft, wunderschön. Und ich hatte eine wunderbare Führerin durch das Museum. Ich will ihren Namen gerne sagen, vielleicht nützt es ihr. Die Frau ist wirklich gut, sie heißt Sabine Rewald.

3. Januar 2008

Erratische Entgleisungen

Über Herbert Wehner

Lieber Herr Schmidt, heute würde ich gerne über einen Mann mit Ihnen reden, von dem gesagt wird, er sei Ihnen Vorbild gewesen: Herbert Wehner.

Nee, ein Vorbild war er für mich nicht, aber er hat mich nie enttäuscht. Er war für mich ein ganz zuverlässiger politischer Partner. Mir ist die Vorgeschichte Wehners ...

... Sie meinen während des Krieges, als er in Moskau war ...

... ja, und auch davor, in der Weimarer Zeit – die ist mir einigermaßen bekannt, aber nicht ganz durchsichtig. Ich will sie deswegen auch nicht beurteilen.

Auch nicht den Vorwurf, er habe im Exil Genossen ans Messer geliefert?

Auch das nicht. Ich habe Wehner gekannt seit 1946, und ich konnte mich immer darauf verlassen, dass er sein Wort hält. Aber ich hatte in den Fünfziger- und frühen Sechzigerjahren ein anderes Vorbild, das war Fritz Erler.

Einer der großen Reformer der SPD. Anders als bei Wehner ist die Erinnerung an ihn verblasst.

Ja, er gehört zur Frühgeschichte der Bundesrepublik. Was mir an Erler imponiert hat: Er war ein Mann, der

105

bei den Nazis, ich weiß nicht wie lange, gesessen und nie eine Universität von innen gesehen hat. Trotzdem hat er sich mit großer Anstrengung eine eindrucksvolle Bildung verschafft. Gleichzeitig war er ein wunderbarer Debattenredner, er war ja auch Fraktionsvorsitzender der SPD im Bundestag.

Hat er Sie gefördert?

Ja, Wehner aber auch. Wehner hat mich in Kontakt gebracht mit dem Franzosen Jean Monnet, einem der Gründerväter der Europäischen Gemeinschaft. Und Erler hat mich nach Übersee, nach England und nach Amerika geschickt.

1948 trug der SPD-Chef Kurt Schumacher Wehner ein Bundestagsmandat an. Wehner soll gesagt haben: »Sie werden mir die Haut bei lebendigem Leibe abziehen.«

Und Schumacher hat geantwortet: »Das hältst du schon aus.« Ich halte diese Geschichte für wahr.

Wehner fürchtete, angreifbar zu sein, weil er Kommunist gewesen war.

Ja, sogar nach seinem Tode hat es immer noch irgendwelche deutschnationalen CDU-Leute gegeben, die ihn für einen verkappten Agenten Moskaus gehalten haben.

Drei Spitznamen hatte er: der Onkel, der Kärrner, der Zuchtmeister. Welchen finden Sie denn am treffendsten?

Von diesen drei Epitheta geht eines auf ihn selbst zurück: der Kärrner. Er hatte mehrfach gesagt, er wolle den Karren so lange ziehen, wie der Karren es will.

Nun soll er ziemlich schroff gewesen sein.
Er war bisweilen sehr schroff.

Schroffer als Sie?
Ja. Er hatte ein erratisches Temperament. Eine lange Zeit konnte er sich bändigen, aber irgendwann explodierte er dann.

Sein unterirdisch böses Wort über Brandt: »Der Herr badet gerne lau« – haben Sie ihm das übel genommen?
Das war eine von diesen erratischen Entgleisungen.

Hat man das einfach hingenommen?
Das hat man hingenommen, und er selber hat es danach immer bedauert. Ich kann mich erinnern, dass er einem manchmal die Hand streichelte. Das war seine Geste der Wiedergutmachung.

Ein enger Mitarbeiter von ihm hat mir mal erzählt, wenn man Wehner nie ein Widerwort gegeben hat, dann hatte man es schwer bei ihm.
Natürlich musste man seine eigene Überzeugung vertreten. Wer das nicht tat, der war bei ihm unten durch, und mit Recht. Aber nicht nur bei Wehner …

… bei Ihnen auch?
Aber ja!

10. Januar 2008

»Das Einkommen einiger Finanz-
manager ist unanständig«

Geld verdienen
in Politik und Wirtschaft

Lieber Herr Schmidt, sprechen wir vom Geld. Die Bundeskanzlerin hat ein monatliches Grundgehalt von 15 832 Euro. Ist das eine angemessene Bezahlung?

Wenn wir als Maßstab die Bezüge des Chefs einer Großbank anlegen, dann ist das Einkommen der Bundeskanzlerin lächerlich. Wenn wir als Maßstab den Lohn eines Facharbeiters anlegen, dann verdient sie sechs- oder siebenmal so viel. Das ist angemessen.

Was ist Ihr Maßstab?

Mein Maßstab ist die öffentliche Meinung, welche die bisherige Entwicklung der Bezüge der Politiker akzeptiert hat. Die sind, was die Minister angeht, relativ gemäßigt, was die Abgeordneten angeht, eher etwas lukrativ. Ich bin dagegen, die Gehälter der Politiker anzuheben.

Häufig wird zwischen Spitzenmanagern und Spitzenpolitikern verglichen. Ist der Vergleich überhaupt zulässig?

Der Vergleich ist durchaus zulässig. Und das Einkommen einiger Bank- und Finanzmanager ist unanständig.

Soll man deren Gehälter begrenzen?

Ich würde es begrüßen, wenn es darüber eine ernsthafte Debatte gäbe – nicht eine Debatte nur unter Journalisten, die Überschriften brauchen, sondern eine wissenschaftliche Debatte, die von Ökonomen, Soziologen und Moralphilosophen geführt würde. Es ist zu früh, um einzugreifen, nicht aber für eine Diskussion.

Die Jusos wollten mal die Einkommen der Makler auf 5000 Mark begrenzen.

Die wollten sogar die Makler abschaffen.

War das nicht der gleiche Populismus wie jetzt bei dem Ruf nach einer Begrenzung von Managergehältern?

Den Populismus meine ich, wenn ich davon spreche, dass es im Augenblick im Wesentlichen ein Thema für Journalisten ist, die Überschriften machen. Aber dass Finanzmanager hundertmal so viel verdienen wie die Bundeskanzlerin, das finde ich nicht in Ordnung.

Helfen Appelle, Maß zu halten?

Mit moralischem Appell jemanden daran zu hindern, so viel Geld zu raffen, wie er kriegen kann, ist nicht sehr aussichtsreich.

Fühlten Sie sich als Abgeordneter, als Minister, als Bundeskanzler anständig bezahlt?

1968 wurde ich fünfzig – damals ohne Pensionsanspruch. Das war prekär. Damals habe ich ernsthaft erwogen, aus der Politik auszusteigen, um ein bisschen Geld zu verdienen und ein bisschen zu sparen, um davon im Alter leben zu können. Später sind aber Abgeordnetenpensionen eingeführt worden. Als Minister habe ich mich manchmal geärgert, dass andere Leute mit sehr viel weniger Verantwortung und sehr viel weniger Arbeit ein Zigfaches verdienten. Aber der Ärger ging nicht tief.

Hatten Sie als Regierungschef noch ein Portemonnaie mit dem nötigen Kleingeld in der Tasche?

Kleingeld hatte ich sicherlich lose in der Tasche, nicht im Portemonnaie. Aber ich habe es selten gebraucht. Meistens hat der Kraftfahrer für mich den Kaffee bezahlt und hat sich hinterher das Geld wiedergeben lassen.

Wie wichtig ist Ihnen Geld?

Gar nicht. Heute überhaupt nicht mehr.

Sie sind immer zurande gekommen?

Ja. Aber immerhin hatte ich dieses Haus hier gekauft von der Neuen Heimat. Auf diesem Haus lag eine Hypothek. Die hatte ich noch nicht ganz abzahlen können, als ich als Kanzler ausschied. Also, so gut war die Bezahlung des Kanzlers nicht.

Gibt es einen unerfüllten Wunsch?

Nee – einen aus finanziellen Gründen unerfüllten Wunsch, den gibt es nicht. Wunschträume sind nicht meine Sache.

17. Januar 2008; das Interview führte Matthias Naß

»Eigentlich musst du mal den Koran durchlesen«

Über Bücher

Lieber Herr Schmidt, Ihr Büro und Ihr Haus sind voller Bücher. Wann lesen Sie? Was lesen Sie?

Ich lese meistens nachts, eine Stunde vor dem Einschlafen, und meistens Sachliteratur. In den letzten Nächten habe ich ein Buch über die Auslandsverschuldung der USA gelesen.

Seltsame Nachtlektüre.

Ein anderes, über die Geschichte Englands, habe ich durchgesehen und einiges nachgeschlagen und mir am nächsten Morgen Notizen gemacht.

Unterstreichen Sie beim Lesen? Schreiben Sie sich Zitate raus? Stecken Sie Zettel zwischen die Seiten?

Unterstreichen, ja. Zettel ganz selten, denn ich habe am Bett keine Zettel zur Hand.

Kennen Sie das, über dem Lesen die Zeit zu vergessen?

Ja. Und dann ist die Nacht zum Schlafen nachher zu kurz und man muss eine Schlaftablette nehmen, damit sie wenigstens zum Schlafen ausgenutzt wird.

Sachliteratur liegt Ihnen mehr als Belletristik.
Nein, die liegt mir nicht, sondern sie ist für mich notwendig, weil ich zum Beispiel für euch bei der *ZEIT*, aber auch für die Bücher, die ich schreibe, sachliche Informationen brauche. Und da kann ich nicht gleichzeitig Romane und Gedichte lesen.

Vermissen Sie das?
Es tut mir leid, dass es so ist. Ja.

Ist Sachliteratur für Sie nur Pflichtlektüre, oder ist sie auch Leidenschaft?
Die Leidenschaft liegt darin, sich weiterhin, auch als alter Mann, an der Diskussion über das öffentliche Wohl zu beteiligen. Das erfordert Sachliteratur. Insofern ist es eine Pflicht. Aber die eigentliche Pflicht ist die Beteiligung am öffentlichen Wohl. Weil die Zeit und die Arbeitskraft begrenzt sind, verdrängt die Sachliteratur leider die sogenannte schöne Literatur in den Brahmsee-Urlaub. Das ist übrigens ein komisches Wort, denn sie ist nicht immer schön.

Welches Buch wollten Sie Ihr Leben lang lesen und sind nie dazu gekommen?
In den letzten Jahren hatte ich die Vorstellung, eigentlich musst du mal den Koran durchlesen. Das habe ich nicht geschafft.

Haben Sie die Bibel ganz gelesen?
Nein.

Warum ist Ihr Interesse am Koran größer?

Von der Bibel habe ich eine ganz gute Vorstellung. Altes Testament sowohl als auch Neues Testament. Vom Koran habe ich eine unzureichende Vorstellung. Deswegen dachte ich, ich müsste mich mit dem Koran beschäftigen. Aber eine ernsthafte Beschäftigung hätte sehr viel Zeit beansprucht.

Gibt es ein Buch, das Sie immer wieder zur Hand genommen haben?

Zum Beispiel Max Webers »Politik als Beruf«. Eigentlich nur ein Vortrag, den er später schriftlich ausgearbeitet hat, aus dem Jahre 1919. Max Weber war einer der herausragenden Soziologen. Kein ausgeprägter Demokrat, aber ein glänzender Analytiker.

Haben Sie Weber auch in Ihrer politisch aktiven Zeit gelesen?

Max Weber habe ich zuerst gelesen, als ich Student war. Und jetzt bin ich inzwischen 89 Jahre und habe ihn gerade wieder in der Hand gehabt.

Es heißt, Politiker fänden keine Zeit zu lesen.

Ich habe auch als Minister und als Kanzler immer nachts gelesen. Immer. Jemand, der nicht liest, bleibt dumm.

Sie selbst haben mehr als 20 Bücher geschrieben, politische Bücher, persönliche Erinnerungen. Hätten Sie gern einen Roman geschrieben?

Nee, dazu habe ich nicht genug Fantasie.

Die hätten Sie doch einmal richtig blühen lassen können.

Ich kann nichts blühen lassen, was ich nicht habe.

Nein, dazu gehört Fantasie, Erfindungsgabe. Mein Freund Siegfried Lenz erfindet dauernd Geschichten. Das kann ich nur bewundern.

24. Januar 2008; das Interview führte Matthias Naß

»Die Strafe muss auf dem Fuße folgen«

Jugendliche und Gewalt

Lieber Herr Schmidt, ganz Deutschland redet von der Jugendgewalt ...

Ob es gegenwärtig ein besonders hohes Maß an jugendlicher Gewalttätigkeit gibt, kann ich nicht beurteilen. Ich glaube es nicht so recht.

Das klingt aber gelassen!

Gewalttätige Jugendliche hat es immer mal gegeben. Die meisten Revolutionen, ob die Französische Revolution vor 200 Jahren, die Revolutionen vor knapp 100 Jahren in Russland oder etwas später in Deutschland, sind im Wesentlichen von jungen Leuten getragen worden. Dass junge Leute aufbegehren gegen Eltern, gegen Lebensverhältnisse, gegen Autoritäten, ist ganz normal. Auch heute vor 30 Jahren hatten wir hierzulande böse Gewalttätigkeiten junger Leute.

Sie wollen nicht im Ernst die Achtundsechziger mit jungen Ausländern vergleichen, die in der U-Bahn-Station einen Rentner zusammenschlagen?

Nein. Aber Überfälle hat es immer schon gegeben. Junge Leute neigen eher zur Gewalttat, zu Totschlag und sogar zu Mord. Sechzigjährige Mörder sind eine Ausnahme. Die schlimmen Gewalttaten der Baader-

Meinhof-Leute sind aus der Studentenrevolte hervorgegangen. Heranwachsende begehren auf gegen vorgefun-
dene Verhältnisse. Das war bei den Studenten in Paris
nicht anders als in Frankfurt.

**Unter den jungen Schlägern gibt es leider besonders
viele Ausländer.**

Ich kann mir vorstellen, warum das so ist. Einmal
sind junge Ausländer, ähnlich wie alle anderen jungen
Leute, geneigt aufzubegehren. Zweitens leben sie in einer ihnen fremd gebliebenen Kultur und Gesellschaft.
Wenn dann, drittens, hinzukommt, dass sie arbeitslos
oder auf Schwarzarbeit angewiesen sind, dann addiert
sich das alles leicht zu einer etwas höheren Kriminalität
als bei jungen Deutschen.

Auch das klingt erstaunlich verständnisvoll.

Verstehen heißt nicht entschuldigen. Nie im Leben
findet Nachsicht gegenüber Gewalttaten meine Zustimmung.

**Wie kommt es, dass die Menschen das Gefühl ha-
ben, sie seien durch Gewalt stärker bedroht als früher?**

Ich weiß nicht, ob es heute mehr Angst gibt als vor
30 Jahren. Wenn man überhaupt nichts davon erfährt,
dass in einer U-Bahn jemand verletzt oder gar getötet
worden ist, hat man davor auch keine Angst. Die breite
Berichterstattung der Massenmedien und die Zuspit-
zung mancher Politiker können sowohl Angst als auch
Nachahmung auslösen. Seit Nazizeit und Krieg sind
wir Deutsche anfälliger für Ängste aller Art.

Glauben Sie, dass härtere Strafen junge Gewalttäter abschrecken würden?

Nein, das glaube ich nicht. Es sollte nicht darum gehen, die Gesetze zu verschärfen, sondern mehr um die Einstellung der Richter an Jugendgerichten. Wir hatten eine Freundin, die hat als eine tüchtige Psychologin ein Leben lang als Gutachterin gearbeitet. Sie war oft entsetzt darüber, dass der Richter mehr Verständnis für den jugendlichen Übeltäter hatte als sie selber. Viel zu häufig wiederholte Bewährungsfristen, viel zu späte Verurteilung. Die Strafe muss der Tat auf dem Fuße folgen.

Sie sind doch in einer Diktatur aufgewachsen. Wenn man ganz große Angst hat, diszipliniert das?

Das weiß ich nicht. Es würde mich wundern, wenn die Zahl der gewöhnlichen Morde – abgesehen von den zahllosen Kriegsverbrechen und vom Holocaust – unter den Nazis kleiner geworden wäre. Dafür hat damals die Zahl der Justizmorde gewaltig zugenommen.

Waren Sie jemals ein Befürworter der Todesstrafe?

Nein. Ich war und bleibe im Gegenteil ein engagierter Befürworter ihrer Abschaffung.

31. Januar 2008

»Weil bei den Kommunisten die Streichhölzer knapp sind«

Über Politikerwitze

Lieber Herr Schmidt, Loriot hat Sie oft karikiert, mit Knollennase und gebleckten Zähnen. Fanden Sie das komisch?
Ich fand es lustig.

Kennen Sie sich?
Nicht sehr intensiv, aber wir haben uns gekannt. Als Kanzler machte man einmal im Jahr ein demonstratives Kanzlerfest in Berlin, die Stadt war ja durch die Mauer und die Sowjets vom Rest der Welt abgeschnitten. Eines werde ich nicht vergessen: Wir hatten Loriot angeheuert, ich glaube, im Schillertheater. Er spielte einen Bühnenarbeiter, der erst ein Duett, dann ein Quintett, schließlich ein ganzes Orchester dirigiert. Er selbst saß am Flügel. Fabelhaft!

Gibt es andere deutsche Humoristen, die Sie amüsieren?
Oh ja, aber Sie müssen mich prügeln, damit mir Namen einfallen.

Heinz Erhardt – konnten Sie über den lachen?
Nein, eigentlich mehr über Leute, die geschrieben und gleichzeitig gezeichnet haben.

120

Wilhelm Busch?

Ja. Und nicht nur der. Als ich noch Kind war, hat mich der Struwwelpeter amüsiert.

Der »Struwwelpeter« von Heinrich Hoffmann – das ist doch zum Fürchten, nicht zum Lachen!

Ich habe mich nicht gefürchtet, ich fand das ganze Buch sehr witzig.

Wissen Sie, dass es zu Ihrer Zeit als Kanzler Helmut-Schmidt-Witze gab?

Ja, aber ich erinnere mich nicht an einzelne Witze.

Einer geht so: Bonner Journalisten werden gebeten, sich an einer der Rhein-Brücken einzufinden, sie würden Erstaunliches erleben. Die Journalisten kommen, da fährt Helmut Schmidt vor. Er steigt aus dem Auto, schreitet über das Wasser bis zu einem Brückenpfeiler, geht wieder zurück und ist weg. Am nächsten Tag steht im *Bayernkurier*: »Der Kanzler kehrte auf halbem Wege um«, und die *Bild*-Zeitung erscheint mit der Schlagzeile: »Helmut Schmidt kann nicht schwimmen.«

(Helmut Schmidt lacht nicht) Das ist weniger ein Witz über Helmut Schmidt, eher einer über den *Bayernkurier* und zugleich über die *Bild*-Zeitung.

Stimmt, der hier ist vielleicht besser: Helmut Schmidt kommt in die Hölle, und als Luzifer ihn sieht, fühlt er sich so geehrt, dass er sagt: »Lieber Helmut Schmidt, jetzt haben Sie einen Wunsch frei, von mir aus können Sie sogar in

den Himmel.« Und Schmidt sagt: »Haben Sie mal Feuer?«

(Helmut Schmidt lacht) Das erinnert mich an den anderen Witz. Da wird einer gefragt, ob er lieber in die christliche oder in die kommunistische Hölle will. Er will lieber in die kommunistische, denn manchmal geht denen das Feuer aus. Und dann finden sie ihre Streichhölzer nicht, weil die bei den Kommunisten knapp sind.

Welcher war denn der humorvollste Politiker, den Sie kennengelernt haben?
Wahrscheinlich Hermann Höcherl.

Ein Parteifreund von Franz Josef Strauß. Der soll auch humorbegabt gewesen sein.
Strauß war nicht so sehr humorbegabt, aber er war witzig. Humor ist etwas menschenfreundlicher, ein Witz kann verletzend sein.

Sie haben mal gesagt, Sie könnten mit niemandem so viel lachen wie mit Ihrer Frau.
Ja, aber nicht, weil einer von uns beiden Witze macht. Wir können über das Gleiche lachen.

Schön, wenn man so etwas nach 65 Jahren Ehe sagen kann.
Doch, das kann man verlangt sein! Ist eine hamburgische Redensart.

Und Ihre Frau hat mir erzählt, dass Franz Josef Strauß sie am Po betatscht hat.

Ich war nicht dabei. Aber wenn sie es sagt, wird es stimmen.

7. Februar 2008

»Ich bin kein öffentliches Vorbild«

Übers Rauchen

Lieber Herr Schmidt, Sie waren gerade wieder Gast einer großen Veranstaltung. Alle haben nur darauf gewartet, dass Sie rauchen würden. Aber – Überraschung – Sie haben nicht!

Ja, weil ich unsicher war, was das Gesetz sagt. Ich habe nicht gegen das Gesetz verstoßen wollen, das war auch im Theater »Winterhuder Fährhaus« nicht meine Absicht.

Dort hatten Sie geraucht und prompt die Anzeige einer Nichtraucherinitiative wegen Körperverletzung kassiert. Dazu Schlagzeilen wie nach einer Staatsaffäre.

Die Theaterleitung hatte mir ein Tischchen vor den Stuhl gestellt mit einem Aschenbecher und einer Tasse Kaffee. Natürlich habe ich davon Gebrauch gemacht, meine Frau auch, wir haben uns überhaupt nichts dabei gedacht. Und daraus haben andere einen bewussten Verstoß gegen das Gesetz gemacht.

Nun steht Ihr schöner Satz im Raum: Ich lasse mir von niemandem das Rauchen verbieten.

Das bleibt auch so.

Aber gegen das Gesetz verstoßen wollen Sie auch nicht?

Dem Gesetz muss man gehorchen. Immerhin haben es die Parlamente beschlossen.

Hat es Sie getroffen, dass Sie angezeigt wurden?

Nee, wir haben darüber gelacht.

Hatten Sie nicht auch Sorge um Ihren Ruf? Sie sind ein Vorbild.

Nein, ich bin kein öffentliches Vorbild.

Jetzt stapeln Sie wirklich zu tief.

Nein, im Ernst: Politiker sollen auf ihrem Felde Vorbild sein, aber nicht auf sämtlichen Feldern menschlichen Lebens. Das ist zu viel verlangt.

Ihre Frau hat neulich erzählt, dass sie mit zehn ihre erste Zigarette geraucht hat.

Jedenfalls hat sie früher angefangen als ich.

Wann haben Sie denn zum ersten Mal?

Als ich konfirmiert wurde, da war ich 15. Ein Onkel hat mir eine Schachtel Zigaretten geschenkt.

Hatten Erwachsene damals überhaupt kein Gefühl für die Gefahren des Rauchens?

Nee, damals gab's diese Hysterie noch nicht.

Würden Sie jungen Menschen wenigstens heute dazu raten, gar nicht erst damit anzufangen?

Ich würde niemand unerbetene Ratschläge geben.

Haben Sie jemals den Versuch unternommen zu zählen, wie viele Zigaretten Sie am Tag rauchen?

Hab ich nie gezählt. Ich habe mal versucht, auf Pfeife umzustellen, aber das ist mir nicht bekommen, weil ich als Zigarettenraucher die Pfeife immer inhaliert hab.

Und wie sind Sie auf Menthol gekommen?

Als in den Sechzigerjahren die Zeit des Zechensterbens an der Ruhr war, bin ich viele Male in Schächte eingefahren. Damals habe ich von den Bergleuten gelernt, Schnupftabak zu nehmen, denn da unten durfte man wegen der Explosionsgefahr nicht rauchen. Das habe ich von denen übernommen, weil man im Bundestag auch nicht rauchen durfte. Und der Schnupftabak war mit Menthol parfümiert.

Und haben Sie nie versucht, das Rauchen ganz einzustellen?

Nee. Ich bin doch nicht verrückt.

Geht es Ihnen schlecht, wenn Sie nicht rauchen?

Nein. Wenn ich es für notwendig hielte, könnte ich morgen aufhören.

Das sagen alle Süchtigen.

Ich könnte das, aber es ist ja nicht notwendig. Weder gesundheitlich noch seelisch noch philosophisch.

Zyniker behaupten ja, dass Raucher viel fürs Gemeinwohl tun: Sie zahlen Milliarden Tabaksteuer und sterben früher.

Den Gefallen, früher zu sterben, kann ich ihnen nicht mehr tun. (Zündet sich die nächste Zigarette an) Dazu ist es zu spät. (Helmut Schmidt lacht)

14. Februar 2008

Italienische Zustände?

Über das deutsche Parteiensystem

Lieber Herr Schmidt, bekommen wir politisch in Deutschland bald italienische Verhältnisse: immer mehr Parteien und Koalitionsmöglichkeiten?

Es gibt eine Übereinstimmung zwischen Italien und Deutschland.

Oh Gott!

Die gleiche Übereinstimmung gibt es aber auch mit Frankreich, mit Belgien oder Holland. Im deutschen Fall fallen immerhin alle Stimmen für jene Splitterparteien unter den Tisch, die weniger als fünf Prozent erreichen. Aber theoretisch könnten wir im Bundestag bis zu 19 Parteien haben, wenn jede 5,1 Prozent erhält. Das Verhältniswahlrecht zwingt überall zur Koalitionsbildung, weil es zu viele Parteien hervorbringt.

Wollen Sie wirklich das Mehrheitswahlrecht in Deutschland haben?

Wehner, Barzel und ich haben das 1966 gewollt und sind damit gescheitert. Heute haben wir deswegen Vielparteienparlamente – anders als in England oder in Amerika, wo ein Mehrheitswahlrecht gilt. Andererseits haben wir uns angewöhnt, Wahlkämpfe als Zweikämpfe zwischen zwei Personen zu betrachten, Merkel gegen Schröder zum Beispiel. Wenn aber die Wahl vorüber ist, stellt sich heraus: In Wirklichkeit haben wir nicht diese Personen, sondern eine ganze Menge Parteien gewählt. Noch aber haben die Italiener mehr Parteien als wir Deutschen.

Aber wir holen auf. Jetzt gibt es noch Die Linke, und es sieht nicht so aus, als würde sie schnell wieder verschwinden.
Das ist beim Verhältniswahlrecht normal.

Dass sich die Linke in mehrere Parteien spaltet?
Die Linke spaltet sich auf, die Rechte desgleichen. Auch solche Leute wie Haider in Österreich, Blocher in der Schweiz oder Fortuyn in Holland gibt es immer mal wieder. Jedoch deshalb das Wahlrecht zu ändern hat wenig Aussicht auf Erfolg. Wir sind damals aus zwei Gründen gescheitert: Eine Hälfte der Abgeordneten des damaligen Bundestags war über Listen gewählt worden. Die Listen würden bei einem Mehrheitswahlrecht wegfallen, die Abgeordneten hätten sich also selber abschaffen müssen. Und innerhalb der anderen Hälfte, die in ihren Wahlkreisen direkt gewählt worden war, fanden manche es ungerecht, dass bei einem geänderten Wahlrecht viele Stimmen unter den Tisch fallen würden.

Das Auftreten einer zusätzlichen Partei führt in Hessen zu einer Blockade.
Das ist eigentlich nicht so schlimm. Die 16 Bundesländer brauchen nicht notwendig Regierung und Opposition; notwendig ist eine anständige Verwaltung und ebenso ein Landtag, der die Verwaltung sorgfältig überwacht. Das Problem der Koalitionsbildung stellt sich

im Bund, denn in Berlin muss wirklich regiert werden. Zurzeit ist es mit der Großen Koalition gelöst.

Die einige der Beteiligten längst überhaben.
Einige der Leute an der Spitze reden so, als ob sie die Koalition nicht mehr wollten. Sie setzen sie aber fort.

Mangels Alternativen.
Ja, sie müssen.

Wie Sie über Die Linke reden – das klingt so, als würde das Sozialdemokraten gar nicht wehtun. Aber es ist doch Fleisch von Ihrem Fleische.
Ich habe den Herrn Lafontaine nie als Fleisch von meinem Fleische empfunden, ich kenne den seit über dreißig Jahren. Es ist bei unserem Wahlrecht normal, dass es linksextreme und rechtsextreme Parteien gibt.

Glauben Sie, dass die SPD mit der Linken einmal koalieren wird? Fänden Sie das schlimm?
Die Frage ist, ob es die Links-Partei noch ein paar Jahrzehnte geben wird. Davon bin ich gar nicht überzeugt.

21. Februar 2008

Die Sehnsucht nach Machern

Über Politiker und Charisma

Lieber Herr Schmidt, wenn es so kommt, wie wir alle befürchten, dann wird Silvio Berlusconi in Italien ein drittes Mal an die Macht kommen. Wie können Demokratien auf so einen verfallen?

Ich kann nur vermuten, warum der Mann fasziniert: erstens, als einer der reichsten und einflussreichsten Unternehmer in Italien. Zweitens, weil er für einen Teil der weiblichen Wählerschaft Sex-Appeal hat. Drittens, weil ein großer Teil der italienischen Wähler die Nase voll hat von einer langen Reihe von Parteien und Politikern. Er verspricht etwas, und manche Leute sind geneigt, sich von Versprechungen leiten zu lassen. Das war bei Mussolini und Hitler nicht anders. Es hat aber auch demokratische Politiker gegeben, die Versprechen gemacht – und nicht gehalten haben.

Sie halten Demokratien im Prinzip immer für gefährdet?

Natürlich sind Demokratien anfällig für Gefahren. Sie sind kein Idealzustand des Staates, aber sie haben einen ganz großen Vorteil: Man kann seine Regierung ohne Blutvergießen auswechseln.

In Frankreich regiert ein Nicolas Sarkozy, der im

Moment vor allem Schlagzeilen mit seiner neuen Frau macht. Lesen Sie so was?

Habe ich zur Kenntnis genommen.

Verkörpert Sarkozy wie Berlusconi einen neuen Politiker-Typus, der in Demokratien zuvor unvorstellbar gewesen ist?

Das könnte sein. Immerhin kam Sarkozy erst ein paar Jahre nach den ersten Auftritten Berlusconis. Allerdings gibt die von Charles de Gaulle geschaffene französische Verfassung dem Präsidenten ein viel größeres Handlungsfeld, als es etwa der italienische Ministerpräsident hat.

Berlusconi hat Gesetze ändern lassen, sodass sie ihm, seinen Unternehmen und Leuten zum Vorteil gereichten. Sind das bereits postdemokratische Attitüden?

Unsympathische Züge, ja; aber postdemokratisch würde ich das nicht nennen, denn er hatte dafür Mehrheiten im Parlament.

Sarkozy und Berlusconi kommen in jedem Fall der Sehnsucht vieler Menschen entgegen nach Politikern, die nicht lange debattieren und keine Kompromisse schließen – also alles unterlassen, was Demokratien gemeinhin verkörpern.

Eine Sehnsucht nach tatkräftigen Machern mag es in jeder Gesellschaft immer wieder geben, gegenwärtig spielt sie offensichtlich in Italien eine Rolle. Sie hat wahrscheinlich bei der Wahl Sarkozys auch eine Rolle gespielt. Wie die Stimmung bei der nächsten Wahl aussehen wird, kann man nicht vorhersehen.

Nun haben auch Sie wie kein anderer Kanzler der Nachkriegszeit der Sehnsucht nach Entschlossenheit und Tatkraft entsprochen.

Für einen Teil der Wähler mag das stimmen. Immerhin habe ich zwei Bundestagswahlen bestritten – mit Ergebnissen an die 43 Prozent.

Für heutige Verhältnisse sehr schmeichelhaft. Aber fühlten Sie sich durch das Etikett des Machers vielleicht auch verkannt?

Nein, verkannt habe ich mich nicht gefühlt. Als jedoch einige gesagt haben, ich sei zwar ein ganz ordentlicher Kanzler, aber leider in der falschen Partei, da habe ich mich verkannt gefühlt.

Finden Sie es wichtig, dass Politiker Charisma haben?

Ich habe immer Hemmungen, einen charismatisch begabten Politiker nur seines Charismas wegen einem Mann der abwägenden Vernunft vorzuziehen.

Haben Sie Willy Brandt für sein Charisma bewundert?

Ja.

Beneidet?

Nicht beneidet, aber bewundert. Bis in die sehr frühen Siebzigerjahre habe ich ihn nicht nur bewundert, sondern bin ihm nahezu bedingungslos gefolgt.

28. Februar 2008

»Ich habe nie einen Döner bestellt«

Über Ausländer in Deutschland

Lieber Herr Schmidt, Ihre Generation hat Millionen von Ausländern nach Deutschland geholt, aber sich herzlich wenig um die Folgen gekümmert.

Ich denke, ich persönlich muss mir diesen Schuh nicht anziehen.

Wer dann?

Das hat der damalige Wirtschaftsminister und spätere Bundeskanzler Ludwig Erhard betrieben. Im Grunde genommen ging es ihm darum, durch Anwerbung relativ billiger ausländischer Arbeitskräfte das Lohnniveau niedrig zu halten. Mir wäre stattdessen lieber gewesen, die deutschen Löhne wären gestiegen. Im Laufe der Jahre hat sich dann herausgestellt, dass es verschiedene Ausländer gab: Deutliche Probleme gab es mit einigen Türken, die in der zweiten und dritten Generation nach Deutschland kamen oder hier geboren wurden.

Wollen Sie sagen: Das war zu Erhards und Ihrer Zeit nicht vorauszusehen?

Als ich 1974 von Willy Brandt die Regierung übernahm, gab es hier dreieinhalb Millionen Ausländer, die Hälfte davon Türken. Ich sah damals voraus, dass die Deutschen es nicht fertigbringen würden, alle Türken zu integrieren.

Warum nicht – weil die Deutschen nicht wollten?
Weil beide Seiten weder wollten noch konnten.

Was heißt »nicht konnten«?
Wir hätten ihnen schulische Bildung geben und alle Türen öffnen müssen. Das haben wir aber nicht getan.

Weil die Deutschen ihr Herz nicht öffnen wollten?
Sie konnten nicht und wollten eigentlich auch nicht, denn sie erkannten nicht, dass viele Ausländer auf Dauer hierbleiben wollten. Ich habe die weitere Zuwanderung von Ausländern gestoppt, ganz leise, weil ich keine Ausländerfeindlichkeit provozieren wollte.

Wie geht das?
Erst haben wir die Anwerbung aufgehoben, dann haben wir die Rückkehr in die Heimatländer erleichtert, sodass wir am Ende meiner Regierungszeit nur genauso viele Ausländer hatten wie am Anfang. Zu Zeiten von Helmut Kohl hat sich die Zahl später verdoppelt. Jetzt sind wir bei siebeneinhalb Millionen, und wir haben große Probleme: Unsere deutsche Gesellschaft hat sich nicht ausreichend fähig gezeigt, alle Ausländer wirklich zu integrieren.

Sagen Sie das mit Bedauern oder mit Verständnis?
Mit großem Bedauern. Aber man kann an der Tatsache nicht vorbeisehen. All das schöne Gerede von Multikulti hat bisher keine positiven Wirkungen erzeugt.

Warum trifft es besonders die türkische Community?

Die kulturellen Unterschiede zwischen einer jungen Türkin aus einem Dorf im Osten Anatoliens und der Bevölkerung einer deutschen Großstadt – diese Unterschiede sind sehr viel größer als etwa die Unterschiede zwischen einem italienischen Arbeiter aus Kalabrien und einem deutschen Arbeiter.

Was können wir denn machen, um das Zusammenleben mindestens erträglicher zu gestalten?

Es ist keine leichte Aufgabe, aber sie muss als Aufgabe begriffen werden. Das ist auch Sache des Schulrates eines Landkreises oder des Bürgermeisters einer Kleinstadt. Die Gesamtgesellschaft muss dafür sorgen, dass die Kinder in den Kindergarten und in die Schule kommen, dass sie, auch wenn sie zu Hause mit der Mutter Türkisch reden, gleichwohl lernen, Deutsch zu sprechen, zu lesen und zu schreiben.

Darf man Ausländer in Deutschland »Ausländer« nennen?

Wenn man dieses Wort von vornherein ohne einen antagonistischen Zungenschlag benutzt, ist es in Ordnung. Aber es hat häufig einen feindlichen Unterton.

Haben Sie jemals in Ihrem Leben einen Döner gegessen?

Wenn man Gast ist, muss man essen, was auf den Tisch kommt. Von mir aus habe ich keinen Döner bestellt.

6. März 2008

»Ich beneide Großeltern«

Über Kinder

Lieber Herr Schmidt, Konrad Adenauer hat einmal den zeitlos wirkenden Satz gesprochen: »Kinder kriegen die Leute immer.« Aber er hat sich getäuscht.
Wahrscheinlich hat er das irgendwann in den Fünfzigerjahren gesagt. Damals hatte er noch recht, heute nicht mehr.

Damals gab es weniger Wohlstand, aber die Deutschen bekamen mehr Kinder als heute.
Wohlstand ist ein Grund dafür, dass die Deutschen weniger Kinder bekommen, aber nicht der einzige. Die Pille spielt eine Rolle, die es zu Adenauers Zeiten nicht gegeben hat, und drittens die berufliche Emanzipation der Frauen. Die ist inzwischen unendlich viel weiter fortgeschritten.

Das alles kann man nun wirklich nicht beklagen.
Ich würde den Geburtenrückgang weder bedauern, noch würde ich ihn begrüßen. Er ist eine Tatsache, mit der man leben muss. Wenn es dabei bleibt, dass wir so wenig Kinder in die Welt setzen wie gegenwärtig, wird sich unsere Gesellschaft weitgehend verändern.

Muss man sich davor fürchten?
Ich will die Gefahren nicht übertreiben. Aber zur

entscheidenden Frage wird dann, wie wir auf Dauer den Wohlfahrtsstaat erhalten. Und außerdem werden wir dann nicht nur Schwierigkeiten haben, Türken zu integrieren, sondern Zuwanderer aus Afrika und Asien.

Würden Sie sagen, dass die nationalsozialistische Mutterideologie auch dazu beigetragen hat, dass im Nachkriegsdeutschland gerade intellektuelle Frauen das traditionelle Mutterbild so abgelehnt haben?
Das glaube ich nicht, denn der Geburtenrückgang findet sich überall in Europa.

Was haben Sie selbst von dieser Propaganda mitbekommen?
Ich habe später mitgekriegt, dass zwei Mütter mit vielen Kindern es abgelehnt haben, das Mutterkreuz entgegenzunehmen. Der eine Fall war in Hamburg, der andere in Hannover.

Hatten sie deswegen irgendwelche Nachteile?
Nicht, dass ich wüsste.

War es für Sie und Loki eigentlich immer klar, dass Sie Kinder haben wollten?
Ja.

Haben Sie darüber nachgedacht und diskutiert?
Weder noch. Denn das war ganz selbstverständlich. Wir hätten gern viele Kinder gehabt. Es hat nicht sein sollen.

Ihr Biograf Hartmut Soell nannte Sie den »erstgeborenen Prinzen in der Großfamilie«. Im Elternhaus Ihrer Mutter, mit allen Großeltern, Onkels und Tanten, hätten Sie Wärme und Zuwendung, Frohsinn und Hilfe erfahren.

Von mir hat er das jedenfalls nicht zu hören gekriegt.

Stimmt es denn?

Möglicherweise.

Ist dieses Erlebnis von Zuwendung, von Großfamilie ein Kapital, das fürs ganze Leben reicht?

Es ist jedenfalls eine positive Erinnerung. »Kapital« hört sich für mich nach Geld an.

Glauben Sie, dass die Nähe von Mutter und Kind am Anfang entscheidend ist?

Die Nähe zwischen Mutter und Kind ist ein ganz wichtiger Faktor in der Bildung der kindlichen Seele. Ohne Not darf man nicht darauf verzichten.

Wichtiger als die Väter?

Ja, natürlich. Die Väter werden später wichtig, aber nicht im Kleinkindalter. Es kann Ausnahmen geben, und ich kenne solche Ausnahmen. Aber in aller Regel ist im Kleinkindalter die Mutter wichtiger.

Sind Sie manchmal durch kleine Kinder genervt, wenn Sie sie erleben?

Ich bin schwerhörig; mich stört das Geschrei nicht.

Erfreut Sie der Anblick kleiner Kinder?
Aber ja! Und dann beneide ich die Großeltern.

13. März 2008

»Ich hatte eine freche Klappe«

Glückliche Jahre in der Reformschule

Lieber Herr Schmidt, was viele Eltern momentan beschäftigt, ist das sogenannte Turbo-Abitur. Wissen Sie, was das ist?

Damit ist das Abitur nach acht Jahren Gymnasium gemeint.

Warum regen sich die Leute so darüber auf?

Weiß ich nicht. Ich habe auch nach zwölf Jahren Abitur gemacht.

Hatten Sie dadurch Nachteile?

Mir hat es jedenfalls nicht geschadet.

Ihre Frau war drei Jahrzehnte lang Lehrerin. Diskutieren Sie das manchmal – ob zum Beispiel zwölf oder dreizehn Jahre besser sind für Schüler?

Habe ich jetzt nicht in Erinnerung, da müsste ich meine Frau fragen. Insgesamt sind Schulzeit und Studiendauer in Deutschland zu lang. Da wird Zeit vertan, da geht Kreativität verloren. Nach meiner Erfahrung ist es nicht so wichtig, ob man zwölf oder dreizehn Jahre zur Schule geht. Man kann große Leistungen vollbringen, auch wenn man überhaupt kein Abitur gemacht hat.

Das sagen Sie als Sozialdemokrat? Haben nicht gerade Schüler, die von der Familie her benachteiligt sind, bessere Möglichkeiten, sich zu entfalten, wenn sie länger ihre Fähigkeiten trainieren können?

Wenn das richtig wäre, müssten Sie logischerweise vierzehn Jahre Schulzeit fordern oder fünfzehn. Man kann aber nicht auf der einen Seite den Achtzehnjährigen für erwachsen und volljährig erklären – und ihn gleichzeitig auf der Schule festhalten. Das passt nicht zusammen.

Sie selbst haben die Lichtwarkschule in Hamburg besucht: Da gab es doch neben dem üblichen Lernstoff auch Werkunterricht, Gartenarbeit, Musik, Literatur und Theater. Haben Sie nicht davon profitiert?

Deshalb war diese Schule für mich ein Glücksfall. Aber sie hatte natürlich auch ihre Schwächen. Lernstoff haben wir relativ wenig mitbekommen, zum Beispiel Sprachen: ein bisschen Schulenglisch und ein ganz kleines bisschen Schullatein. Naturwissenschaften habe ich dort kaum gelernt, Geschichte auch wenig.

Das haben Sie sich alles später aneignen müssen?

Ja, natürlich; aber die Schule hatte mir ja beigebracht, selbstständig zu arbeiten.

Alle meine Freunde mit Kindern im schulpflichtigen Alter stöhnen darüber, dass sie bis in den Abend hinein mit ihren Kindern Hausaufgaben machen müssen. Wie war das bei Ihnen?

Ich war als Schüler relativ faul. Was mich nicht interessiert hat, habe ich nur flüchtig gemacht. Meine Frau und ich waren ja in derselben Klasse; wir hatten eine ähnliche Handschrift, und es ist vorgekommen, dass Loki meine Hausaufgaben in mein Heft geschrieben hat, zum Beispiel in Mathematik, da war sie besser. Und niemand hat es gemerkt.

Ihre Lehrer, schreibt Ihr Biograf Hartmut Soell, erinnern sich so an den Schüler Schmidt: »völlig undiszipliniertes Verhalten« sowie »starke Schwatzhaftigkeit, Unbeherrschtheit, Zügellosigkeit im Ausdruck und Robustheit in den Umgangsformen«. Schämen Sie sich denn gar nicht?

Ob ich mich damals geschämt habe? Kaum – und nachträglich auch nicht!

Haben Sie sich denn selbst so in Erinnerung?

Nein. Ich weiß auch nicht, wer dieses Zeugnis geschrieben hat. Kann sein, dass es der von den Nazis eingesetzte Schulleiter war.

Die eine oder andere Beschreibung kann man sich jedenfalls vorstellen.

Ich erinnere, dass mich mal jemand im Ruderclub an der Alster, in dem wir Schüler unsere Boote liegen hatten, festgehalten und gefragt hat: »Wo willst du denn hin?« Und ich habe wohl gesagt: »Ich will aufs Scheißhaus.« Das hat einen Riesenwirbel ausgelöst. Es war natürlich eine Frechheit von dem Dreizehn- oder Vierzehnjährigen, so mit einem Erwachsenen zu reden.

Schmidt-Schnauze!
Ja, ich hatte eine freche Klappe.

19. März 2008

»Menschen lassen sich gern täuschen«

Über Dichtung und Wahrheit in der Politik

Lieber Herr Schmidt, sollte ein grundehrlicher Mensch in die Politik gehen?

Ja, durchaus. Ich halte mich auch für einen ehrlichen Kerl.

Haben Sie in der Politik nie gelogen, nie geblufft?

Gelogen nein, geblufft ja. Das muss man manchmal. In der Politik ist das wie im Fußball, deswegen müssen Sie kein unfairer Fußballer sein. Das Dribbling besteht zur Hälfte aus Bluffen.

Schätzen Sie Hannah Arendt?

Ich habe sie nicht gekannt, einiges von ihr gelesen, ja.

Von ihr stammt der Satz: »Niemand hat je die Wahrhaftigkeit zu den politischen Tugenden gerechnet.«

Ich habe nicht den ganzen Plato und den ganzen Aristoteles im Kopf; aber ich würde mich wundern, wenn nicht mindestens bei Aristoteles die Wahrheit als Tugend auch in der Politik vorkäme.

Warum schneidet dann die Glaubwürdigkeit von Politikern in Umfragen so miserabel ab?

Politik gibt es seit Tausenden von Jahren, in Europa schon seit den alten Griechen auch demokratische Politik. Damals gab es weder Zeitungen noch Umfragen. Diese relativ neuen Erscheinungen verleiten Politiker, Dinge um des Effektes willen zu sagen. Im alten Athen sprachen die Politiker zu den auf dem Marktplatz versammelten Bürgern, und nach einer Debatte fällten diese sogleich die endgültige Entscheidung. In der heutigen Massengesellschaft ist die Unmittelbarkeit der Wirkung eines Politikers durch die Medien gestört. Sie heißen mit Recht »Medien«, weil sie dazwischenstehen. Unsere Demokratie ist etwas anderes geworden. Die Massenmedien spielen eine Riesenrolle – nicht nur eine gute, bisweilen eine üble Rolle. Das Fernsehen kann Unheil anrichten.

Wenn Politiker nach der Wahl ihre Meinung ändern und wie Lügner dastehen, ist das nicht die Schuld der Medien!
Meinungswechsel gibt es nicht nur in der Politik. Es gibt zum Beispiel Ehemänner, die meinen, dass ihre Ehefrau zu alt sei und sie eine junge bräuchten. Und dann brechen sie ihr Wort und lassen sich scheiden.

Aber das ist etwas Privates. Das andere gehört offenbar zum System der Politik.
Opportunismus ist zum Kotzen, aber er ist kein Monopol der Politiker.

Waren die Politiker zu Ihrer Zeit glaubwürdiger?
Nein, ein Mann wie Richard Nixon ist mir zum Beispiel nie ganz glaubwürdig erschienen. Er war ein ganz

anderer Typus als Jimmy Carter – ein sehr ehrlicher Mann, aber leider nicht sehr erfolgreich.

Warum nicht?
Weil er oft seine Meinung änderte. Man konnte sich nicht darauf verlassen, dass er übermorgen noch derselben Meinung war, wie er mir gestern gesagt hatte.

Hat Ihre Frau Sie jemals umgestimmt?
Nein. Wir haben in politischen Dingen immer ziemlich ähnlich empfunden.

Angela Merkel hat in ihrem Wahlkampf 2005 den Leuten ja ganz klar gesagt, was sie ihnen zumuten möchte. Daraufhin ist sie in den Umfragen und im Wahlergebnis abgestürzt.
Menschen lassen sich gern täuschen. Es wäre gut gewesen, bei den Ankündigungen zu bleiben.

Kommen Koalitionen bisweilen nicht auch erst nach einem Wortbruch zustande?
Nein.

Auch nicht, wenn man vorher versichert hat: »Mit denen auf keinen Fall«?
So etwas habe ich nie gesagt. Das muss man auch nicht. Es kann Fälle geben, in denen einem zugemutet wird, mit einem Hallodri zu koalieren – Adenauer hat das gewusst. Wenn man aber vorher gesagt hat: »Mit dem auf keinen Fall« – dann muss man gefälligst dabei bleiben.

27. März 2008

Ein Bad in der Woche genügt

Über das Wasser

Lieber Herr Schmidt, können Sie sich als Hamburger ein Leben in einer Stadt ohne Wasser vorstellen?

Kann ich mir zwar vorstellen, würde ich mir aber nicht wünschen.

Was ist für Sie wichtiger: das Wasser der Alster und der Kanäle oder der Hafen?

Weder noch, sondern die offene Elbe, die offene Nordsee und die Ostsee. Da ist die Freiheit des Seglers. Ich war seit meinem vierzehnten Lebensjahr ein Segler.

Haben Sie beim Segeln mal Angst vor dem Wasser gehabt?

Einmal, auf einem Binnensee in Holstein. Da bin ich mit einer Jolle gekentert. Das ist normal für einen Jollensegler, er muss in der Lage sein, das Boot allein wieder aufzurichten. Aber das Wasser war scheißkalt, es war um Ostern herum, und ich hatte Angst, nicht vor dem Wasser, sondern vor einem Herzschlag.

Wie alt waren Sie da?

Da war ich schon betagt, einige 60 Jahre.

Erst vor Kurzem haben Sie mir erzählt, dass Sie früher auch gerudert haben.

Als Schüler, ja. Ich war Kapitän der Schülerruderriege der Lichtwarkschule. Rudern kann ein schlimmer Sport sein, weil man gezwungen ist, sich im gleichen Takt zu bewegen wie der Schlagmann. Und der war ein Bulle, der hatte doppelt so viel Kraft wie der kleene Schmidt. Nach 2000 Metern, wenn die Strecke zu Ende ist, fällt man völlig in sich zusammen, fürchterlich! Unser kleiner Ruderverein wurde in die Marine-Hitlerjugend überführt, wie auch sämtliche Schülerrudervereine hier in Hamburg. Immerhin hat die Ruderei dazu geführt, dass in meinem Gesundheitszeugnis zum Schluss stand: »bedingt athletisch«. Darauf war ich damals sehr stolz.

Nun haben Sie in Hamburg Wasser im Überfluss, auch von oben. Mögen Sie Regen?

Ich kann ihn ertragen.

Gehören Sie zu den merkwürdigen Menschen in Hamburg, die den Schirm erst kurz vor der Sintflut aufspannen?

Ich nehme gegen das Wetter immer nur Mantel, Schal und Mütze.

Heute duscht man mindestens einmal pro Tag. Wie war das, als Sie klein waren – reichte ein Bad pro Woche?

Ein Bad pro Woche hätte es in meiner Kindheit nicht gegeben. Da gab es überhaupt kein Bad.

Ist tägliches Duschen dann in Ihren Augen Verschwendung?

Nein, es ist für manche Menschen eine hygienische, für andere eine ästhetische Notwendigkeit; wieder andere brauchen es, um ihren Kreislauf in Gang zu bringen. Mir genügt ein Bad in der Woche.

Die Deutsche Stiftung Weltbevölkerung hat ausgerechnet, dass im Jahr 2025 schon fast 40 Prozent der Menschen nicht genügend Wasser haben. Wie werden die armen Regionen das ertragen?

Ich misstraue diesen pessimistischen Zukunftsvorhersagen. Der »Club of Rome« hat uns vor dreißig Jahren prophezeit, die »Grenzen des Wachstums« würden demnächst erreicht werden. Inzwischen ist aber das Wirtschaftswachstum auf der Welt unendlich fortgeschritten, und sehr viele Menschen werden besser ernährt als damals. Mit Sicherheit muss man aber sagen, dass der künftige Bedarf an sauberem Wasser zu einem der großen zivilisatorischen Probleme der Menschheit wird.

Sehen Sie eine Lösung?

Zum Beispiel würde Meerwasserentsalzung für alle Staaten rund um den Persischen Golf und das Mittelmeer das Problem für Generationen lösen.

Man sieht Sie immer Cola und Kaffee trinken, nie Wasser. Der Mensch braucht zwei bis drei Liter täglich!

Das sagen einige Ärzte. Aber man kommt auch mit eineinhalb Litern aus. Ich bekomme damit gewiss genügend Flüssigkeit. Cola trinke ich sehr selten. Zu Hause trinke ich Obstsäfte, Kaffee oder Tee, das ist genug Wasser – und bisweilen einen Whiskey.

3. April 2008

»Es hat nichts gebracht«

Sinn und Unsinn eines Olympiaboykotts

Lieber Herr Schmidt, erinnern Sie sich an das Olympiajahr 1980 und an einen hoffnungsvollen deutschen Fechter namens Thomas Bach?

Es gab eine Menge herausragender deutscher Sportler, die Medaillenchancen hatten; Bach war nicht der einzige. Der Langstreckenläufer Wessinghage wäre auch einer gewesen.

Dieser Bach ist heute der Chef des Deutschen Olympischen Sportbundes und erinnert sich gut, wie er bei Ihnen im Kanzleramt war. Sie hatten eine Karte aufgespannt, auf der russische Panzer und Raketen zu sehen waren. Damit versuchten Sie, Bach und den anderen Sportlern klarzumachen, warum ein Boykott richtig sei.

An unsere Situation erinnere ich mich sehr genau. Kurz nach Weihnachten 1979 war die Sowjetunion in Afghanistan einmarschiert. Ich hörte, dass es in Washington Stimmen gab, die zur Strafe die Olympischen Spiele in Moskau boykottieren wollten. Ich hielt das für dummes Zeug und rief den amerikanischen Präsidenten Jimmy Carter an. Er sagte, da sei nichts dran. Daraufhin habe ich den deutschen Sportverbänden gesagt: Ihr könnt fahren. Nach nicht allzu langer Zeit rief mich Carter an und sagte, er hätte seine Meinung geändert, die Amerikaner würden nicht nach Moskau fahren – und wir sollten das auch nicht.

War das ein Befehl?

Er hat auf alle Natopartner in Europa Druck ausgeübt – auch auf die Engländer und die Franzosen. Die haben aber gesagt: »Ihr könnt uns mal« und sind trotzdem gefahren. Nur drei haben nachgegeben. Das waren die Länder, die an ihrer Grenze unmittelbar mit der sowjetischen Militärmacht konfrontiert waren, nämlich Norwegen, die Türkei – und die Bundesrepublik.

Hatten Sie wirklich keine Wahl?

Ich hatte zu der Zeit ohnehin erhebliche Auseinandersetzungen mit den Amerikanern – denken Sie nur an den Konflikt über die Neutronenbombe oder über die Finanz- und Währungspolitik – und kam mit großen Bauchschmerzen zu dem Ergebnis, dass wir Deutschen uns einen zusätzlichen Konflikt mit Amerika nicht leisten können.

Aber Sie finden den Boykott bis heute falsch?

Es hat nichts gebracht. Die russischen Fernsehzuschauer haben gar nicht gemerkt, dass ein paar Staaten gefehlt haben. Um auf Herrn Bach zurückzukommen: Ich habe damals wohl den Sportfunktionären erklärt, dass ich die amerikanische Verteidigungsbereitschaft im Falle einer sowjetischen Pression auf uns nicht gefährden durfte – die verdammten sowjetischen SS-20-Raketen, jede mit drei Atomsprengköpfen bestückt, waren noch auf deutsche Städte gerichtet.

Vielleicht liegt es an der Erfahrung von damals, dass Herr Bach heute nichts von einem China-Boykott hält.

Ich halte auch nichts davon.

Soll denn jeder Schurke die Chance bekommen, sich vor der Weltöffentlichkeit schön darzustellen?

Nein. Gleichwohl würde ich es begrüßen, wenn der internationale Sport von politischen Einflüssen so frei wie möglich bliebe.

War es naiv zu glauben, dass Olympia mehr Demokratie und Menschenrechte nach China bringen würde?

Derartige Annahmen waren in der Tat naiv.

Warum sind Sie bei diesem Thema so gereizt?

Gereizt bin ich nicht. Was mich aber stört, ist der missionarische Wahn mancher amerikanischer Politiker, es sei ihre und die Aufgabe ihrer Verbündeten, überall auf der Welt ihre Vorstellung von Ordnung durchzusetzen.

Die Vorstellung von Demokratie ist nicht so schlecht.

Richtig. Gleichwohl halte ich fest an dem für jede Regierung geltenden völkerrechtlichen Grundsatz der Nichteinmischung in die inneren Angelegenheiten eines souveränen Staates.

Welche Sportart werden Sie bei den Spielen in Peking am liebsten sehen?

Fußball. Es hat übrigens lange gedauert, bis Fußball zu einer olympischen Disziplin geworden ist.

10. April 2008

Tausend Orden,
aber nie im Krieg

Über Uniformen und andere Kleidungsstücke

Lieber Herr Schmidt, haben Sie Respekt vor Uniformierten?
Nee!

Kann ich mir nicht vorstellen: Sie waren Soldat.
Ich habe meine Vorgesetzten bei der Wehrmacht respektiert. Was ich innerlich von ihnen gehalten habe, war sehr gemischt: von einigen überhaupt nichts, das waren Scheißkerle. Die meisten hingegen waren anständige Leute. Aber vor der Gestapo und der SS hatte ich Angst. Die Gestapo waren alles SS-Leute.

Wann haben Sie selbst zuletzt eine Uniform getragen?
Das vorletzte Mal im Kriegsgefangenenlager, das letzte Mal im Jahre 1958. Damals habe ich eine Reserveübung bei der Bundeswehr gemacht, um die aus der Weimarer Zeit stammende tiefe Kluft zwischen Sozialdemokraten und bewaffneten Streitkräften einebnen zu helfen. Das haben mir viele Leute sehr übel genommen. Einige verrückte Linke in der SPD hielten mich für einen Militaristen.

Was hatten Sie im Kriegsgefangenenlager für eine Uniform?

157

Da hatte ich eine Luftwaffenuniform an, bereits ziemlich zerfleddert.

Fühlten Sie sich erleichtert, als Sie diese Uniform endlich ablegen konnten?
Erleichtert war ich, weil ich durch einen freundlichen Zufall aus dem Kriegsgefangenenlager im belgischen Jabbeke entlassen wurde. Die anderen kamen noch zwei Jahre in ein nordfranzösisches Bergwerk.

Was für ein Zufall?
Die Engländer hatten in diesem Kriegsgefangenenlager offenbar ihre Spitzel; und die müssen ihnen berichtet haben, dass es da drei Leute gegeben hat, die keine Nazis gewesen waren, die aber von einigen jungen Offizieren beargwöhnt und isoliert wurden, weil sie als Nestbeschmutzer galten. Da haben die Engländer beschlossen, sie rauszulassen. Einer von den dreien war ich.

Dann sind Sie in der abgerissenen Uniform nach Hause zu Ihrer Frau Loki gefahren?
Nein, in einer selbst geschneiderten Hose.

Sie können schneidern?
Kann ich nicht. Das war eine Hose, aus einer Zeltbahn zusammengenäht mit einem Wollfaden, und weil ich keine Knöpfe und keinen Reißverschluss hatte, habe ich einen einzigen ganz großen Knopf vorn auf den Schlitz genäht.

Was hat Loki gesagt, als sie Sie so gesehen hat?
Wir sind uns um den Hals gefallen.

Ihre Frau sagte einmal, es sei eines von zwei Malen gewesen, dass Sie vor ihr geweint hätten.

Ja ... (schweigt) ja.

Warum tragen moderne Diktatoren so gern Uniform?

Nicht nur Diktatoren. Schauen Sie sich die Nato-Generäle an – mit tausend Orden, obwohl kaum einer, der sie trägt, je einen Krieg gesehen hat. Militär schmückt seine Uniformen immer gern – und Generäle immer mit Gold.

Haben Sie als Kanzler Ihren Kleidungsstil geändert?

Nee. Ich habe allerdings immer Schlips und Kragen getragen.

Haben Sie Ihre Kleidung selbst eingekauft, oder sind Sie beliefert worden?

Die habe ich immer selbst gekauft, und zwar hier in Hamburg in einem Geschäft, das leider dieses Jahr aufgegeben worden ist. Bei Staben habe ich alle meine Anzüge gekauft, beginnend beim Großvater des letzten Inhabers.

Es fällt auf, dass Sie bei den Redaktionskonferenzen immer seltener Krawatten tragen.

Das ist eine neuerliche Eigenart. Ich habe es jahrzehntelang anders gehalten, aber im Alter werde ich nachlässig und passe mich den Redakteuren an.

17. April 2008

»Ich habe ihn bewundert und geliebt«

Über Herbert von Karajan

Lieber Herr Schmidt, überall ist jetzt an den hundertsten Geburtstag Herbert von Karajans erinnert worden. Haben Sie Ihren Freund in den Berichten wiedererkannt?

Einiges habe ich zustimmend gelesen. Ich selber hatte gegenüber Karajan großen Respekt, wegen seines Talents als Musiker und Dirigent, aber auch wegen seiner Selbstdisziplin. Im persönlichen Umgang war er angenehm, keineswegs abgehoben, wie es manche empfanden.

Einmal schrieben Sie: »Ich habe ihn bewundert und geliebt.« Das haben Sie über keinen anderen gesagt.

Das Letztere ist Zufall; denn es gibt mehrere, über die ich mich ähnlich ausdrücken würde. Ich würde auch Herbert Wehner nennen, einen ganz anderen Mann.

Und Siegfried Lenz?

Ja. Um in der Politik zu bleiben: Es trifft auch für Hans-Jürgen Wischnewski zu.

Die Liebe zur Musik, die Leidenschaft fürs Segeln,

die eiserne Selbstdisziplin, die Hingabe an den Beruf bis ins hohe Alter – Karajan müsste doch für Sie ein Bruder im Geiste gewesen sein.

Wenn es nicht anmaßend klingt, würde ich zustimmen.

In einer Fernsehdokumentation haben Sie gesagt, Karajans Selbstdisziplin sei so streng gewesen, dass es beinahe ekelhaft war. Noch strenger als bei Ihnen?

Ich nehme an, strenger. Er hatte übrigens eine Fähigkeit, die mir ein bisschen abgeht: Er war bei aller Hingabe an die Musik doch auch ein guter Geschäftsmann. Das Geld an sich hat er ganz gerne gehabt.

War Ihnen Geld etwa nicht wichtig?

Nein, ist es nicht. Ich würde mir keine Jacht im Mittelmeer wünschen – und auch kein Haus in St. Tropez.

Dort waren Sie in Ihrer Zeit als Kanzler mal zu Gast und haben mit Karajan stundenlang über Gott und die Welt diskutiert. Wo war er politisch zu verorten?

Ob wir über Politik geredet haben, erinnere ich nicht mehr. Er ist innerlich ein Salzburger geblieben, aber gleichzeitig war er ein Weltbürger. Überall, wo er musizieren konnte, war er zu Hause. Das ist aber keine Eigenart von Karajan allein, das gilt genauso für andere Dirigenten, etwa Zubin Mehta, Sergiu Celibidache oder Lenny Bernstein.

Hätten Sie das gekonnt?
Nein, ich bleibe ein Deutscher.

Bis heute gilt das Verhältnis Karajans zu den Nazis als ungeklärt. Gleich zweimal indes ist er in die NSDAP eingetreten.
Es gibt viele Künstler und Autoren, die sich mit dem Regime arrangierten, um musizieren, ihre Bilder ausstellen oder ihre Romane gedruckt sehen zu können. Ich würde daraus keinen moralischen Vorwurf ableiten wollen, es sei denn, einer hat etwas Verwerfliches pekziert. Dergleichen ist mir aber bei Karajan nie zu Ohren gekommen.

Waren diese Künstler eher naiv oder opportunistisch?
Weder naiv noch opportunistisch. Für sie war das Entscheidende, ihre Kunst machen zu können.

Karajan, der sehr technikbegeistert war, soll Ihnen mal einen Walkman geschenkt haben.
Ja, es war der erste, den er selbst besaß. Er hatte ihn von einem gemeinsamen Freund bekommen, von Akio Morita. Das war der Inhaber von »Sony«, er hat »Sony« groß gemacht.

Haben Sie das Ding auch benutzt?
Ja, viele Male; im Auto und im Flugzeug.

Mochten Sie Karajans Dirigat, oder war es Ihnen manchmal zu effektheischerisch?
Ich habe nur wenige seiner Konzerte erlebt, sodass

ich das nicht recht beurteilen kann. Mir ist nur klar, dass alle großen Dirigenten auch Schauspieler und Selbstdarsteller sind. Da war Karajan keine Ausnahme, wenn ich an Celibidache oder Bernstein denke ...

Wen mochten Sie als Dirigenten mehr?
Ich mochte sie alle drei.

24. April 2008

»Das Gehalt bestimmen Sie selbst«

Ein Vierteljahrhundert
bei der *ZEIT*

Lieber Herr Schmidt, in Ihren Erinnerungen schreiben Sie: »Im Frühjahr 1983 ist mir ein großer Glücksfall widerfahren.« Sie meinten das Angebot des Verlegers Gerd Bucerius, Herausgeber der *ZEIT* zu werden?
Ja, das war eine Überraschung für mich.

Wie war die erste Begegnung?
Ich erinnere, dass sie in Bucerius' Büro stattfand, wo heute mein Zimmer ist. Ich saß auf einem gelb bezogenen Sofa, er saß mir gegenüber. Und dann kam er mit dieser Idee. Ich habe spontan Ja gesagt.

Können Sie sich noch erinnern, was Gerd Bucerius sich von Ihnen versprochen hat?
Ich vermute, dass er gedacht haben könnte, der Schmidt ist wahrscheinlich ein auf Realismus bedachtes Gegengewicht zu den Idealisten in der Redaktion.

Hat er Ihnen ein attraktives finanzielles Angebot unterbreitet?
Nein. Er meinte: »Das Gehalt bestimmen Sie selbst.« Ich habe gesagt, ich wüsste nicht, was die Herausgebe-

rin Marion Dönhoff bekommt, aber er müsste mir dasselbe zahlen. Wenn man gleiche Gehälter bekommt, ist man auf gleicher Ebene, darauf habe ich Wert gelegt. Mit der ersten Gehaltsabrechnung habe ich gemerkt, dass Marion Dönhoff nicht übermäßig bezahlt wurde.

Und anders als die Gräfin haben Sie auch kein Haus in Blankenese von Bucerius und keinen Porsche von Augstein geschenkt bekommen.
Nein, ich brauchte weder Haus noch Auto; ich hatte beides. Und anders als meine verehrte Freundin Marion wäre ich nie Porsche gefahren.

Ist die *ZEIT* dem Wesen nach immer noch die Zeitung, bei der Sie vor einem Vierteljahrhundert anfingen?
Dem Wesen nach, ja. Sie ist nach wie vor eine liberale Qualitätszeitung, und das wird sie wohl auch bleiben.

Ja!
Aber sie ist natürlich, der allgemeinen Entwicklung folgend, heute stärker auf Unterhaltung orientiert, während sie früher mehr auf politische Unterrichtung ausgerichtet war. Das ist sie heute auch noch, aber das Entertainment spielt eine größere Rolle – muss es wahrscheinlich auch, denn die Leute wollen nicht immer bloß Politik lesen.

Anfangs nahmen Sie noch an der großen wöchentlichen Redaktionskonferenz teil, doch bald blieben

Sie dieser Veranstaltung fern. Von Ihnen ist der Satz überliefert, Sie seien sich vorgekommen wie bei einer Fraktionssitzung.

Wenn ich das gesagt haben sollte, habe ich wohl damit gemeint, dass zu viele Leute gerne reden wollten. Ich bin der großen Konferenz nicht aus Protest ferngeblieben, sondern weil ich sie akustisch nicht mehr verstehen konnte.

Wie erklären Sie sich, dass heute, anders als in Ihren ersten Jahren, der Alkohol aus allen Konferenzen verbannt worden ist?

Kann ich nicht erklären, und ich halte es nicht für eine positive Veränderung.

Fast jeden Freitag kommen Sie aber in die Politikkonferenz um zwölf Uhr. Wie erleben Sie uns eigentlich?

Für mich ist das eine interessante Veranstaltung, weil sie mir die Gelegenheit gibt zu verstehen, was Leute innerlich beschäftigt, die 30, 40, teilweise noch mehr Jahre jünger sind als ich.

Sind die Kollegen genauso klug wie früher, oder sind sie etwas unbedarfter geworden?

Darüber müsste ich nachdenken. Wahrscheinlich würde ich zu dem Ergebnis kommen, dass der sich offenbarende Intelligenzquotient und die Temperamente sich nicht verändert haben.

Es fällt aber auf, dass es Kollegen gibt, deren Namen Sie sich auch nach zehn Jahren nicht merken können.

Das kann sein (Helmut Schmidt lacht) – schlechtes Namensgedächtnis eines alten Mannes.

30. April 2008

Lesen und lesen lassen

Über Zeitungen und Journalisten

Lieber Herr Schmidt, können Sie sich einen Tag ohne Zeitunglesen vorstellen?

Könnte ich mir vorstellen, würde ich aber nicht für erstrebenswert halten, weil ich den Überblick über die Welt verlieren würde. Zurzeit lese ich immer noch bis zu zehn Zeitungen, jeden Tag und am Stück.

Welche sind Ihre liebsten?

Die *Herald Tribune* und die englische *Financial Times*.

Lesen Sie eine deutsche Zeitung besonders gerne?

Ich lese sie nicht gern oder ungern, sondern ich sehe sie durch. Dazu gehören die *Süddeutsche Zeitung*, die *Welt*, die *FAZ* und natürlich unsere eigene Zeitung.

Wenn Sie am Freitag in die Politikkonferenz kommen, dann haben Sie immer einzelne Seiten der *ZEIT* dabei, und viele Zeilen sind mit gelbem Stift markiert. Machen Sie das selbst?

Nein, das macht eine Mitarbeiterin. Das bedeutet: Ich soll das lesen – tue ich meistens auch.

Sie haben's gut! Nutzen Sie auch das Radio?
Nein.

Politische Fernsehsendungen?
Auch nicht.

Nicht mal die *Tagesschau*?
Brauche ich nicht. Ich lese das am nächsten Morgen in der Zeitung.

Aber manchmal zappen Sie nachts durchs Fernsehprogramm!
Ja – es endet meistens beim Fußball.

Sie schimpfen oft über »psychologisierende Stücke«. Was meinen Sie damit?
Wenn immer wieder versucht wird, die Seele des Politikers A oder der Politikerin B zu analysieren und was in ihr vorgeht. Das erinnert mich zu sehr an Sigmund Freud. Psychologie ist eine ganz interessante Disziplin, aber sie reicht nicht, um Politik zu erklären.

Sie haben meist schroff reagiert, wenn das einer bei Ihnen versucht hat.
Ja, das ist wohl richtig. Ich habe sie abgeschreckt.

Haben Sie Reportagen von Egon Erwin Kisch gelesen?
Ich weiß, dass es ihn gab, und ich weiß, was er für eine Rolle gespielt hat, aber das war in der Weimarer Zeit – die ging zu Ende, als ich 14 war.

Die großen Porträts von Hans Ulrich Kempski, die politischen Reportagen?

Ich sprach vorhin von der *Süddeutschen*, da ist Kempski für mich wichtig gewesen. Aber auch Hans Reiser und Franz Thoma.

Was fällt Ihnen ein, wenn Sie sich Henri Nannen vergegenwärtigen?

Ich habe Henri Nannen gut gekannt. Er hieß in seiner eigenen Redaktion Sir Henri ...

War er eine imposante Erscheinung?

Ja, ein großer Mann, die äußere Erscheinung ähnlich wie Curd Jürgens.

Sie wollen sagen: Die Frauen mochten ihn?

Richtig. Dazu hatte er einen scharfen Blick, der ihn aber nicht davor bewahrt hat, bisweilen übers Ziel hinauszuschießen. Er ist auch mal auf die gefälschten Hitler-Tagebücher reingefallen. Aber insgesamt war er ein fabelhafter Blattmacher, ein Mann mit großem journalistisch-politischem Instinkt.

Lernt man als Politiker auch, Journalisten zu verachten?

Nicht Journalisten als Gattung, aber einzelne schon, ja. Insbesondere solche, die in unfairer Weise um des Aufsehens willen Zitate verbiegen, aus dem Zusammenhang ziehen und ihnen eine andere Bedeutung geben. Solche Journalisten missfallen mir zutiefst.

Das Werk dieser Leute ist aber auch schnell wieder vergessen.

Ich würde wünschen, dass Sie recht haben.

8. Mai 2008

Eines Tages streiken sie auch in China

Über Gewerkschaftsmacht

Lieber Herr Schmidt, mal sind die Lokführer im Ausstand, mal streiken die Briefträger, mal stehen die städtischen Busse still – gewöhnen sich ausgerechnet die Deutschen das Streiken an?

Wenn ich es richtig weiß, wird pro Kopf oder pro Arbeitsstunde in Deutschland deutlich weniger gestreikt als in Frankreich, Italien oder Belgien. Deswegen würde ich nicht von einer neuen Angewohnheit sprechen.

Aber die Bereitschaft zum Streik scheint größer geworden: vielleicht weil die Menschen das Gefühl haben, dass es in Deutschland ungerechter zugeht als früher.

Fast überall in Westeuropa verlieren die Gewerkschaften etwas an Bedeutung. Bei uns hat das dazu geführt, dass sich mehrere kleine Gewerkschaften zu einigen großen zusammengeschlossen haben. Auf der anderen Seite haben wir starke Arbeitgeberverbände. Wenn beide Seiten einen Tarifvertrag abschließen, wird er oft anschließend von Staats wegen für allgemein verbindlich erklärt – auch für Unternehmen und Belegschaften, die weder dem Arbeitgeberverband noch der Gewerkschaft angehören; das wird dann ein duopolistisches Zwangskartell.

Müsste man das überwinden?
Ich bin dagegen, dass der Staat private Verbände mit quasistaatlicher Macht ausstattet. Wenn Sie etwa einen Friseurladen aufmachen, werden Sie von Gesetzes wegen gezwungen, der Innung und der Handwerkskammer anzugehören – warum?

Das abzuschaffen klingt aber reichlich neoliberal.
Ich finde, es klingt vernünftig.

Willy Brandt kapitulierte 1974 vor dem Streik der ÖTV. Zwölf Prozent mehr Lohn bekamen die Beschäftigten im Öffentlichen Dienst. Erinnern Sie sich an den Streik?
Ich erinnere mich deutlich. Zu der Zeit war ich als Finanzminister entsetzt darüber, dass Kanzler Brandt und Innenminister Genscher eine exorbitante Lohnforderung der damaligen ÖTV, heute Verdi, akzeptiert haben. Ein Jahr später wollte der Vorsitzende der ÖTV dasselbe mit mir veranstalten. Er drohte, in ganz Deutschland die Mülltonnen ungeleert auf der Straße stehen zu lassen. Da habe ich zu ihm gesagt: »Heinz, daran kann ich dich nicht hindern. Aber dann geh ich ins Fernsehen und erkläre dem Volk, dass du als Oberschwein für die Schweinerei auf den Straßen verantwortlich bist. Dann wollen wir mal sehen, wer sich durchsetzt.«

Und – wer hat sich dann durchgesetzt?
Ich habe die Forderung abgelehnt und bin damit auch durchgekommen. Solche völlig überzogenen Forderungen sind danach nicht mehr erhoben worden.

Anders als heute standen die Gewerkschaftler damals meistens der SPD nahe.
Das ist richtig.

Bedauern Sie, dass die Bindungen lockerer geworden sind?
Das ist zwangsläufig.

Halten Sie Streiks in einer globalisierten Weltwirtschaft noch für zeitgemäß?
Streiks wird es weiterhin geben, eines Tages auch in China.

Ist das Argument der Gewerkschaften, mit steigenden Löhnen nehme auch die Kaufkraft zu, für Sie nicht einleuchtend?
Jedenfalls darf der Lohnanstieg keine Preisinflation auslösen. Nehmen Sie die von Ihnen genannten Lokomotivführer: Wenn sie die Lohnforderung von 30 Prozent hätten durchsetzen können, dann wäre natürlich die Kaufkraft der Lokomotivführer gestiegen. Aber die Auswirkung auf die Kaufkraft von beinahe 40 Millionen Erwerbstätigen wäre wegen steigender Fahrkartenpreise negativ gewesen.

Sind Sie selbst Mitglied einer Gewerkschaft gewesen?
Ich bin immer noch Mitglied der ÖTV, heute umbenannt in Verdi.

Zahlen Sie auch Mitgliedsbeiträge?
Inzwischen zahle ich Rentnerbeiträge.

15. Mai 2008

»Ich habe mich nie als Rentner gefühlt«

Über das Alter 1

Lieber Herr Schmidt, als was fühlen Sie sich eigentlich: Sind Sie Rentner, Pensionist – oder berufstätig?
Ich habe mich nie als Rentner oder Pensionist gefühlt.

Sie haben ja auch immer weitergearbeitet: Weil Sie finden, dass es schon genug Rentner gibt?
Wenn wir jetzt über Rentner reden wollen, dann müssen wir weit ausholen. Ich weiß nicht, ob dieses Gespräch dazu reicht.

Gut, dann machen wir zwei Folgen daraus: Was ist also mit den Rentnern?
Wir haben über 20 Millionen Rentner in Deutschland; da habe ich die Pensionisten des Staates – die Polizeibeamten und Richter, die ehemaligen Soldaten und Politiker – noch nicht mitgezählt. Mehr als 25 Prozent der Gesellschaft leben von staatlichen Renten und Pensionen. Das ist den meisten Menschen gar nicht bewusst.

Das war so auch nie vorausgesagt worden.
Vor 50 Jahren musste die Gesellschaft nur zehn Prozent Alte miternähren – ganz zu schweigen von der Zeit, in der ich geboren wurde, da gab es noch die klassische Alterspyramide (fängt an zu zeichnen).

176

Ich sehe jetzt neben der Pyramide ein Gebilde, halb Baum, halb Pilz.

Heute eher ein Baum. Zu den vielen Alten kommen noch jene Deutschen zwischen 20 und 60 Jahren hinzu, die nicht arbeiten. Nur knapp die Hälfte der Nation ist erwerbstätig. Das heißt: Der Stamm jener, die für die Renten aufkommen, ist dünn geworden.

Geht es den Rentnern in Deutschland nach Ihrer Einschätzung heute gut?

Es geht ihnen besser, als es ihnen früher jemals gegangen ist. Das ist aber etwas anderes, als zu sagen, es gehe ihnen allen gut. Wir werden viel älter als früher; ich bin zum Beispiel älter, als meine Eltern und meine Großeltern geworden sind. Bei der Bismarck'schen Invalidenversicherung von 1889 wurde die erste Invalidenrente mit dem siebzigsten Geburtstag ausgezahlt. Also brauchte man fast nichts auszuzahlen, denn bis dahin waren die meisten Männer schon tot. Das galt bis 1916: Da wollte man das Volk in Kriegsstimmung halten, deshalb wurde das Renteneintrittsalter auf 65 Jahre gesenkt. Theoretisch gilt das heute noch; tatsächlich aber gehen die Leute im Durchschnitt bereits mit knapp 61 Jahren in Rente – und die wird dann 17 Jahre lang gezahlt.

Kann man unser Rentensystem überhaupt noch retten?

Im Prinzip gibt es drei Möglichkeiten: Entweder das Renteneintrittsalter auf ein höheres Alter zu verschieben, siehe Gerhard Schröders Agenda 2010. Oder die Renten relativ abzusenken; relativ meint im Verhältnis zu Löhnen und Gehältern. Oder drittens von den Aktiven höhere Versicherungsbeiträge oder Steuern zu verlangen.

Was hielten Sie für richtig?
Wahrscheinlich eine Mischung aus allen dreien.

Kann eine höhere Geburtenrate helfen?
Es ist ziemlich sicher, dass die Geburtenrate einstweilen sehr niedrig bleiben wird.

Wir geben uns alle Mühe, Herr Schmidt!
Nein, das glaube ich nicht. Vor einem halben Jahrhundert lag die Geburtenrate pro Frau bei über 2,3 Geburten, heute liegt sie nur bei etwas über 1,3 Geburten. Und es kann durchaus sein, dass sie noch mehr abnimmt. Wachsender Wohlstand führt zur Abnahme der Geburtenrate.

Gehen wir also wirklich einer »Rentnerdemokratie« entgegen, wie der ehemalige Bundespräsident Roman Herzog gerade unkte – sodass keine Partei mehr irgendwas beschließen kann, was den Alten nicht passt?
Immerhin hat Roman Herzog davor gewarnt, die Rentner als Pressure-Group zu akzeptieren. Vielleicht hat er es ein wenig extrem formuliert, aber es war ein interessanter Diskussionsbeitrag.

21. Mai 2008

»Das Wort ›abschieben‹ würde ich nicht gelten lassen«

Über das Alter 2

Lieber Herr Schmidt, vergangene Woche haben wir über die monströse Entwicklung der Rentenzahlungen in Deutschland geredet. Heute möchte ich Sie nach Ihren eigenen Erfahrungen mit dem Altsein befragen. Wer hat sich um Ihre Eltern und Großeltern gekümmert?

Um beide Großeltern haben sich ihre Kinder gekümmert, also mein Vater und meine Mutter.

Wie darf man sich das Kümmern vorstellen?

Das waren monatliche Zuschüsse, außerdem aber seelische Hilfe jedweder Art. Das galt auch für meine Schwiegereltern, für die haben wir gesorgt. Für meine eigenen Eltern brauchte man nicht zu sorgen: Mein Vater war Lehrer gewesen und bekam seine Pension; die war ausreichend. Da ging es mehr um die Seele.

Haben Sie es noch selbst erlebt, dass mehrere Generationen unter einem Dach leben?

Auf dem Dorf ja, in der Stadt seit Ende der vom Bombenkrieg erzwungenen Wohnungsnot eigentlich nur noch selten.

Ist es in Ihren Augen ein schönes Familienmodell?

Das lässt sich nicht generell beantworten. Heute vor 50 Jahren hatte niemand ein Fernsehgerät, möglicherweise hatten viele Familien auch keine Zeitung, zum Beispiel meine Großeltern. Was haben sie gemacht? Sie haben zu Hause Domino oder mit den Nachbarn Karten gespielt. Heute hat jeder sein eigenes Fernsehgerät. Er braucht die Nachbarn nicht mehr. Man hat heute ein Telefon und kann im Notfall nach Hilfe rufen. Das Modell einer Großfamilie unter demselben Dach war so lange notwendig, wie man sich gegenseitig brauchte. Heute braucht man kaum noch die eigene Tochter oder den eigenen Sohn oder die Enkelkinder, um das tägliche Leben zu bestreiten. Seelisch bräuchte man sich nach wie vor, aber ökonomisch nur relativ selten.

Kennen Sie außer Ihrem Freund Hans-Jochen Vogel jemanden, der freiwillig ins Heim geht?

Ja, viele meiner Altersgenossen sind aus eigenem Entschluss ins Altersheim gegangen.

Ist das nicht ein sehr trauriger Einschnitt?

Das muss gar nicht traurig sein. Viele sind damit sehr glücklich.

Was berichtet denn Hans-Jochen Vogel davon? Er ist ja mit seiner Frau ins Augustinum in München gezogen.

Jedenfalls berichtet er nichts Negatives.

Aber ist eine Gesellschaft, die ihre Eltern immer häufiger ins Altersheim abschiebt, nicht auch eine herzlose Gesellschaft?

Das Wort »abschieben« würde ich nicht gelten lassen. Meine Frau und ich haben zum Beispiel meinen Vater überredet, ins Altersheim zu gehen, nachdem meine Mutter schon lange tot war, weil wir die Woche über in Bonn zu arbeiten hatten. Wenn es gut lief, kamen wir Samstagabend zurück nach Hamburg und konnten uns bis Sonntag um den Vater kümmern. Oft ging es nicht gut, dann war er auch am Wochenende allein. Es kam zwar eine Frau, die ihm den Haushalt in Ordnung hielt, aber dann zankte er sich mit ihr, und wir mussten ihm immer wieder eine neue beschaffen. Schließlich wurde es für ihn schwierig. Aber im Heim war er dann sehr zufrieden.

Sie glauben, das ist der Lauf der Welt?

Ja.

Würden Sie es auch nicht als Drama sehen, selbst ins Altersheim zu gehen?

Ich persönlich würde es nicht tun; ich muss es auch nicht. Aber meine Frau würde es tun, falls sie allein bliebe.

Ist es eigentlich für eine Gesellschaft nicht merkwürdig, dass schon ein Fünfundsiebzigjähriger wie Otto Schily der älteste Abgeordnete im Bundestag ist? Verglichen mit italienischen Präsidenten wäre er ein Jungspund.

Das kommt mir nicht besonders merkwürdig vor.

Wir haben also keinen Jugendwahn in der Politik?

Nein, wir haben keinen Jugendwahn. Die Leute, die heute in Deutschland politisch herausragen, sind keine Jugendlichen.

29. Mai 2008

»Nach zwei Minuten habe ich sie weggescheucht«

Über die Arbeit von Fotografen

Lieber Herr Schmidt, helfen Fotos noch, die Wirklichkeit zu begreifen?

Das kommt darauf an. Jede Fotografie entsteht ja aus einer bestimmten Perspektive.

Wo ist da für Sie die Gefahr der Manipulation?

Sie liegt in der Auswahl und in der Gewichtung einer politischen oder ökonomischen Nachricht. Auch in der Bildunterschrift kann eine Gefahr liegen. Ich las kürzlich in einer Boulevardzeitung, dass meine Partei um die Nachfolge von Bundespräsident Köhler »schachert«. Tatsächlich gab es in der SPD einen Meinungsbildungsprozess, verschiedene Personen wurden als mögliche Nachfolger Köhlers genannt, was eigentlich etwas Normales ist. Der Ausdruck »schachern« sollte aber negativ wirken.

Aber das ist kein Foto, das ist ein Wort!

Ja, zufällig. Wenn sie die Personen abgebildet hätten, wäre da die gleiche Unterzeile gewesen. Ich gebrauche es als ein Beispiel dafür, dass man ein an und für sich neutrales Bild mit einer Unterschrift versehen kann, die eine tendenzielle Wirkung erzielen soll – und auch tut.

Haben Sie versucht, Ihr öffentliches Bild im Fernsehen oder auch in Fotografien zu steuern?

Nein, ich habe nur versucht, im Fernsehen einen anständigen Eindruck zu machen.

Wie macht man das?

Es sollte jedenfalls ein ernsthafter Eindruck sein. Als ich noch halb so alt war wie heute, war ich außerdem ein guter Polemiker; die Polemik gehört zur Demokratie dazu, das war schon im alten Athen so.

Es gibt Fotografen, die sich noch gut daran erinnern, dass Sie auch einen guten Blick dafür hatten, welche Bilder für Sie vorteilhaft waren.

Ich habe Fotos nie selbst ausgesucht. Es gab aber in meiner Umgebung sicherlich Leute, die meinten: Nein, dieses Bild nehmen wir nicht. Das mag so sein.

Hatten Sie einen Lieblingsfotografen?

Ja, Jupp Darchinger. Er ist ein angenehmer Mensch – sehr tüchtig und obendrein sympathisch.

Vielleicht auch jemand, der einem die Angst vor dem Fotografiertwerden nimmt?

Ich habe keine Angst, fotografiert zu werden.

War es Ihnen denn angenehm, von einem Pulk von Fotografen abgelichtet zu werden?

Nein, weil mich immer die Blitzlichter gestört haben. Deshalb habe ich die Leute nach zwei Minuten weggescheucht.

Viele Politiker glauben inzwischen, dass sie ein Einblick in ihr Privatleben sympathischer erscheinen lässt. Ist das eine Milchmädchenrechnung?

Ich weiß nicht, ob ein Milchmädchen rechnen kann, aber ich fand diesen Schlüssellochjournalismus immer zum Kotzen. Und ich habe immer versucht, die Leute davon abzuhalten, sich mit ihrem Fotoapparat oder ihrer Flüstertüte in mein Privatleben einzumischen.

Hier habe ich noch ein anderes Foto, es zeigt Sie vor 25 Jahren im Bundestag, inmitten der Nachrüstungsdebatte: Sie basteln aus einem Blatt Papier ein Flugzeug, darauf steht, von Hand geschrieben: »Pershing II«. Was wollten Sie?

Eine Spielerei. Auch ein erwachsener Mann darf spielen.

Haben Sie es denn geworfen?

Wahrscheinlich.

Gibt es ein Foto, von dem Sie sagen würden, dass es in Ihrer Erinnerung unauslöschlich ist?

Als Erstes fällt mir das Bild von dem tödlich getroffenen und zusammengesunkenen Kennedy ein, der im offenen Auto neben seiner Frau Jackie Kennedy sitzt, 1963. Ein anderes Bild, das sich mir eingeprägt hat, ist wohl gar nicht in den Zeitungen gewesen: Mao Tsetung empfängt mich zum Gespräch, und das Bild zeigt eindeutig, dass er einen Schlaganfall erlitten hatte. Solche Fotos versucht man sonst eher zu verstecken.

5. Juni 2008

Ein Pilotenkoffer voll Papier

Über Briefe und E-Mails

Lieber Herr Schmidt, haben Sie einen Überblick, wie viele Briefe, Faxe und E-Mails Sie erhalten?

Mehr, als ich selber beantworten kann. Infolgedessen werden in vielen Fällen die Antworten von meinen Mitarbeitern geschrieben, und wenn ich mit dem Text einverstanden bin, setze ich meinen Namen darunter.

Wird jeder Brief beantwortet?

Jeder Brief, der im Ton gehörig ist, kriegt eine anständige Antwort. Schimpfbriefe wandern gleich dahin, wo sie hingehören. Die schönsten werden gesammelt.

Wie bewältigen Sie das organisatorisch?

Insgesamt habe ich fünf Mitarbeiter, die zum Teil in Hamburg und zum Teil in Berlin sitzen; zweimal die Woche geht ein Pilotenkoffer voll Papier hin und her. Es gibt auch manche Briefe, für die ich die Antwort selber diktiere; die muss dann meine Sekretärin auf der Maschine tippen. Die Sekretärin ist aber auch deshalb von ganz großer Bedeutung für mich, weil ich auf ihrem Gesicht sehen kann, ob das verständlich ist, was ich diktiere.

Haben Sie keine Angst vor grammatischen oder orthografischen Fehlern?

Grammatische Fehler würde ich mir selber zurechnen müssen, orthografische Fehler würde ich bemerken, ehe ich die Sache unterschreibe.

Es fällt auf, dass in Ihrem Briefkopf nur »Helmut Schmidt« steht, nie »Bundeskanzler a. D.«.

Um Gottes willen, nein! Ich verbitte mir solche Anreden. Ich bin ein normaler Bürger.

Nein, das sind Sie nicht!

Gut, ich korrigiere mich: Ich möchte als ein normaler Bürger gelten. (Lacht)

Schreiben Sie Briefe auch mit der Hand?

Ganz selten.

Haben Sie eine leserliche Schrift?

Nein, das ist ja das Problem. Jeden Füllfederhalter habe ich ruiniert, weil meine Hand schwerfällig ist. Ich habe immer nur mit Kugelschreiber geschrieben – oder mit Filzstift.

Gibt es einen Brief in Ihrem Leben, den Sie in besonderer Erinnerung behalten haben?

Ich habe einmal einen sehr langen Brief mit der Hand geschrieben. Kurz nach Ende des Krieges erfuhr ich durch Zufall die Adresse der Witwe des von den Nazis hingerichteten Botschafters von Hassell. Damals habe ich der Witwe geschrieben, weil ich als Zuhörer zu dem Prozess gegen ihren Ehemann abkommandiert war. Und weil Hassel mir außerordentlich imponiert hatte.

War das vor Freislers Volksgerichtshof?

Ja, eine schreckliche Erinnerung. Auf irgendeine Weise ist der Entwurf dieses Briefes erhalten geblieben, ich habe ihn Jahre später wiedergefunden. Wenn mich meine Erinnerung nicht täuscht, ist das der einzige lange Brief, den ich mit der Hand geschrieben habe.

Hat Frau von Hassel reagiert?

Oh ja, sie hat sich ausführlich bedankt!

Haben Sie nicht auch Loki Briefe geschrieben, als Sie im Krieg waren?

Viele, aber keine sehr langen. Im Krieg schrieb man sich keine langen Briefe. Die sind fast alle verbrannt, als Hamburg ausgebombt wurde.

Vor einigen Jahren ist ein Buch mit den Briefen herausgekommen, die sich Gräfin Dönhoff und Gerd Bucerius bei der *ZEIT* geschrieben hatten. Standen Sie mit den beiden auch im Briefkontakt?

Kaum. Das war eine mir etwas befremdliche Sitte, sich innerhalb desselben Hauses auf demselben Flur Briefe zu schreiben.

Lesen Sie eigentlich E-Mails?

Wenn sie an mich gerichtet sind, ja, aber in ausgedruckter Form.

Bedauern Sie, dass Sie selber keine E-Mails schreiben können?

Nein. Ich bin froh, dass ich sie nicht schreiben muss.

12. Juni 2008

»Die können mich nicht erschrecken«

Über alte und neue Nazis

Lieber Herr Schmidt, von Bertolt Brecht stammt das auf Hitlers Schreckensreich gemünzte Epigramm: »Der Schoß ist fruchtbar noch, aus dem das kroch.« Er schrieb es 1955. Hatte er recht?

Nein. Ich habe schon in der ersten Nachkriegszeit nie die Sorge gehabt, dass die Nazis noch eine große Rolle spielen könnten.

Nie?

Nie, auch wenn mir klar war, dass man es in der Wirtschaft, in der staatlichen oder kommunalen Verwaltung und im öffentlichen Leben auch mit Leuten zu tun haben würde, die Mitläufer und Nutznießer gewesen waren.

Weil Opportunisten sich zur Not auch mit der Demokratie arrangieren?

Ja, sie waren inhaltlich keine Nazis. So musste man nicht einmal Angst haben, wenn ein Mitläufer zum Beispiel Bundesminister oder sogar Bundespräsident wurde. Andererseits war davon auszugehen, dass eine Reihe von innerlich überzeugten und im Charakter mit Brutalität ausgestatteten Personen überlebt hatte und sich nicht ohne Weiteres einfügen würde. Das hat man dann bei der Gründung einer Reihe von rechtsextremen Parteien gesehen; zwei sind vorübergehend in den Bundestag gekommen. Aber Angst hat mir das nie gemacht.

Glaubten Sie wirklich, dass die Deutschen gegen den Rechtsextremismus immun geworden waren?
Nein, nicht immun. Keine westeuropäische Gesellschaft ist immun gegenüber Rechtsextremismus; nicht die deutsche, nicht die französische – siehe Le Pen –, nicht die italienische, nicht die belgische, nicht die holländische; am ehesten noch die englische Gesellschaft.

Ich zitiere aus Ihrer ersten Regierungserklärung vom 17. Mai 1974: »Wirtschaftliche Not und Massenarbeitslosigkeit haben einst das Feuer entfacht, in dem die erste deutsche Republik verbrannt ist. Dieser Lehre haben alle Regierungen zu folgen.«
Hier wurde darauf angespielt, dass die ökonomische Depression der Jahre 1929 und folgende ein ganzes Volk vom Pfad der Tugend abbringen konnte. Das würde ich auch für die Zukunft so sagen. Das muss aber nicht notwendigerweise nach rechts außen führen. Die Weimarer Republik ist zugrunde gegangen, weil die Weimarer Koalition der Wirtschaftskrise nicht gewachsen war und weil Nazis und Kommunisten sie sodann gemeinsam kaputt gemacht haben.

Sehen Sie Deutschland im Moment von links gefährdet?
Im Augenblick macht mir der publizistische Erfolg dieser linksextremen Partei Sorgen.

Sie meinen die Medienresonanz auf die Linkspartei?

Ja, auch die Darstellung in den Sabbelshows im Fernsehen. Die Sorge muss einstweilen aber nicht tief gehen.

Aber es ist doch ein Unterschied, ob man Gysi oder Lafontaine sieht oder kahl geschorene Neonazis in schwarzen Klamotten, die durch Hamburg ziehen, wie vor ein paar Wochen.

Sie sehen zwar verschieden aus, sind aber beide als Demokraten nicht zu brauchen. Ich habe viel schlimmere Dinge im Laufe meines Lebens gesehen als die kahl geschorenen Jugendlichen. Die können mich nicht erschrecken.

Finden Sie es richtig, die Auseinandersetzung mit diesen rechten Gruppen zu suchen, oder muss man sie öffentlich ignorieren?

Es kommt darauf an, wer sich mit ihnen auseinandersetzt: Ich mit meinen 89 Jahren wäre dazu nicht geeignet.

Gut, aber wenn Sie noch aktiv in der Politik wären?

Wenn sich ein Rechtsradikaler im Bundestag danebenbenimmt, würde ich ihm Kontra geben; und ich gehe davon aus, dass der Präsident ihn entsprechend anfasst. Man kann ihn öffentlich sichtbar und hörbar zur Schnecke machen. Das würde ich dann tun. Ob auch als Bundesminister – weiß ich nicht. Und als Kanzler: höchstens einen Satz.

19. Juni 2008

Der Grundsatz der Verhältnismäßigkeit

Über Bundeswehreinsätze im Inneren

Lieber Herr Schmidt, es ist bislang noch nie vorgekommen, dass Sie schon vorab erklärt haben, unbedingt über ein Thema sprechen zu wollen ...
... ja, über den Unterschied zwischen Polizei und Armee.

Warum gerade jetzt?
Der aktuelle Anlass ist die Diskussion über die Frage, ob man im Notfall auch Bundeswehrsoldaten im Inneren des Landes einsetzen solle oder dürfe.

Das ist ein besonderes Anliegen von Herrn Schäuble!
Das Thema beschäftigt mich seit 1961, als ich Polizeisenator wurde – so hieß das Amt des heutigen Innensenators damals in Hamburg. Als ich die Polizei übernahm, wurden die jungen Polizeibeamten noch genauso ausgebildet wie ich 1937 als Soldat, nämlich endlos in primitivem Kasernenhof-Drill. »Schleifen« nannte man das.

Sie fanden das übertrieben?
Ja! Das war eine in meinen Augen völlig abwegige

Ausbildung. Im Prinzip muss es große Unterschiede in der Ausbildung von Soldaten und Polizeibeamten geben. Der Polizist soll die gesetzliche Ordnung wahren oder wiederherstellen; dafür bekommt die Polizei rote Signalkellen, Schlagstöcke, Wasserwerfer und so weiter. Soldaten jedoch erhalten ausschließlich tödliche Waffen, denn sie sollen einen Krieg gewinnen. Die Tragödie auf dem Tiananmen-Platz, 1989 in Peking, hat mich später erneut über diesen großen Unterschied nachdenken lassen.

Panzer gegen die Studenten!
Jedenfalls militärische Einheiten. Als nach langen Demonstrationen die Staatsführung sich zum Eingreifen entschloss, hatte sie keine polizeilich ausgebildeten Einheiten zur Verfügung und setzte das Militär ein. Wenn man Soldaten in gewaltsame Auseinandersetzungen verwickelt, dann können sie nur schießen.

Man fühlt sich bei den Protesten in Tibet daran erinnert.
Nach allem, was man weiß, ist in Tibet Militärpolizei eingesetzt worden. Das ist ein Mittelding zwischen Polizei und Militär, es sind aber Soldaten. Soldaten werden dazu erzogen, den Gegner auszuschalten. Das heißt: zu töten.

Deshalb kann man nur davor warnen, die Bundeswehr in Deutschland einzusetzen?
Ich bin sehr skeptisch gegenüber der Idee, Soldaten mit polizeilichen Aufgaben im Inneren zu betrauen. Aber es gibt Grenzfälle. Wenn zum Beispiel Terroristen

194

ein Flugzeug gekapert haben, dann kann ein Polizeihubschrauber dagegen wenig ausrichten. Insofern sind Herrn Schäubles Überlegungen verständlich.

Also gibt es doch einen Anlass für Forderungen, die Bundeswehr im Inneren einzusetzen?
Den Anlass kann ich erkennen, aber die Schlussfolgerung teile ich nicht. Der Anlass ist die Besorgnis vor dem wachsenden Terrorismus, besonders dem islamistischen. Aber ich würde nicht zum Ergebnis kommen, von vornherein statt der Polizei das Militär einzusetzen. Es ist jedenfalls nicht ratsam, für jeden theoretisch denkbaren Notfall die Abhilfe gesetzlich vorzuschreiben.

Weil es immer eine unverhältnismäßige Reaktion geben könnte?
Das ist der richtige Ausdruck: Polizisten werden dazu erzogen, staatliche Gewalt nach dem Grundsatz der Verhältnismäßigkeit der Mittel auszuüben.

Nun sind Sie wie kein anderer deutscher Politiker von Terroristen geprüft worden. Haben Sie in den Siebzigerjahren jemals überlegt, die Bundeswehr einzusetzen?
Nein.

Stimmt es, dass Sie hier bei der *ZEIT* früher in Bewerbungsgesprächen mit Journalisten die Frage stellten: »Haben Sie auch gedient?«
Nein, das ist eine journalistische Erfindung.

3. Juli 2008

»Ich schätze jeden Widerspruch«

Über Führung

Lieber Herr Schmidt, gibt es ein bestimmtes Prinzip, nach dem Sie Ihre Mitarbeiter geführt haben?

Das ist eine Frage, die ich nicht aus dem Handgelenk beantworten kann; denn ich habe darüber bisher nicht nachgedacht.

Ted Sommer, der für Sie mal als Staatssekretär gearbeitet hat, beschreibt es so: Problemidentifizierung, Definition der Notwendigkeiten und Möglichkeiten, Diskussion der Vorschläge, schließlich Beschluss und Ausführung.

Ich bin nicht sicher, ob ich bei jedem Problem die Definition des Problems an den Anfang gestellt habe. Jede wichtige Entscheidung habe ich erst nach sorgfältiger Diskussion getroffen. Es gab allerdings auch Entscheidungen, die für mich so eindeutig waren, dass es keiner Diskussion bedurfte.

Zum Beispiel?

Zum Beispiel eine Rede in London, die ich nach einer offiziellen Ansprache beim Abendessen im kleineren Kreise gehalten habe über die sowjetische Bedrohung mit atomaren Mittelstreckenraketen. In mir brodelte es, ich habe frei geredet. Das führte später zu dem berühmten Nato-Doppelbeschluss. Das entgegengesetzte Beispiel: Bei der Entführung von Schleyer und bei der Geiselnahme in Stockholm haben wir jeden Schritt vorher in einem nicht ganz kleinen Kreis von politisch Verantwortlichen überlegt. Und zwar keineswegs nur unter Regierungspersonen, Strauß und Kohl waren auch beteiligt.

Es heißt, Sie hätten Widerspruch immer geschätzt.

Oh ja. Er musste aber begründet sein. Ich schätze jeden Widerspruch und jede begründete Kritik. Das gilt auch heute noch für den 89-Jährigen.

Sie waren nie beleidigt, wenn Sie jemand kritisiert hat?

Nein, ich habe ein ganz dickes Fell. Allerdings habe ich mich manchmal künstlich aufgeregt.

Wenn man ein Ministerium übernimmt, gibt es da eine Technik, um sich ein Bild zu verschaffen, was im eigenen Hause vor sich geht?

Das sind zwei verschiedene Fragen. Die eine Frage ist, wie man den Stoff bewältigt. Dazu muss man arbeiten: Bücher und Akten lesen, Gespräche führen mit Leuten, die das Sachgebiet beherrschen. Eine ganz andere Frage ist, wie man sein eigenes Haus kontrolliert: Man muss nicht nur mit den Spitzen des Hauses in Kontakt sein, sondern ab und zu bis auf die Referentenebene herunter die Leute zum Vortrag bringen.

Fallen die nicht um, wenn sie vor dem Minister stehen?

Einige ja, beinahe. Aber es gibt auch Mitarbeiter, denen es nicht sonderlich imponiert, wenn sie zu ihrem Minister kommen müssen.

Wie lange braucht man, um so ein Haus im Griff zu haben?
Eigentlich nicht länger als ein Vierteljahr. Aber es gibt Minister, die es auch innerhalb von vier Jahren nicht schaffen.

Glauben Sie, dass Sie ein guter Motivator waren?
Ich bilde mir ein, auch heutzutage noch andere Leute zu motivieren.

Können Sie auch loben?
Ich habe im Laufe des Lebens gelernt, dass es notwendig ist, andere Leute auch zu loben. Ich selber bin kaum jemals von einem Vorgesetzten gelobt worden; aber ich habe das Lob auch nicht vermisst.

Beneidenswert, wenn man sich selbst ein Maßstab sein kann!
Selbstmaßstab wäre eine Übertreibung. Sie können sagen, der Schmidt war eingebildet genug, auf fremdes Lob verzichten zu können.

Dann haben Sie auch nie ein Management-Erfolgsbuch in den Händen gehabt?
Um Gottes willen!

10. Juli 2008

Nicht mal die Liebe
ist ohne Risiko

Pro und kontra Kernkraft

Lieber Herr Schmidt, kommt bei Ihnen Ökostrom aus der Steckdose?
Weiß ich nicht.

Seit geraumer Zeit kann man den Betreiber wechseln und dann Ökostrom ins Netz einspeisen lassen. Ist in Ihrem Hause da nichts geschehen?
Weiß ich auch nicht. Wenn die Ölrechnung und die Stromrechnung kommen, werden sie bezahlt.

Würde Sie Strom aus Atomkraftwerken überhaupt stören?
Ich finde es erstaunlich, dass unter allen großen Industriestaaten der Welt – von den USA bis China, Japan und Russland – die Deutschen die Einzigen sind, die glauben, sie könnten ohne Kernkraft auskommen. Wir haben praktisch unseren Kohlebergbau aufgegeben, wir haben so gut wie kein Öl in unserem Boden. Deshalb liegt es nahe, dass Deutschland einen Teil seiner Energie aus Kernkraft bezieht. Natürlich hat Kernkraft ihre Risiken. Es gibt aber keine Energie und nichts auf der Welt ohne Risiken, nicht einmal die Liebe.

Jetzt klingen Sie noch ganz so wie in Ihrer Zeit als

Bundeskanzler, als Sie sich gegen heftige Widerstände in Ihrer Partei für Kernkraftwerke einsetzten.

Warum soll ich meine Meinung ändern? Sie war damals richtig und ist bis heute richtig.

Weil es in der Zwischenzeit zum Beispiel Tschernobyl gegeben hat.

Tschernobyl hat nicht dazu geführt, dass die Russen oder die Ukrainer Kernkraftwerke völlig aufgegeben hätten. Wir sind die Einzigen, die diese Konsequenz gezogen haben. Wir wollen klüger sein als die ganze Welt. Sind wir aber nicht.

Wenigstens haben wir die sichereren Atomkraftwerke.

Das scheint so zu sein, bei uns gab es bislang auch keine kleineren Unfälle wie auf Three Mile Island in Amerika. Allerdings ist in den letzten Jahrzehnten an der Reaktorsicherheit nicht sonderlich weitergearbeitet worden, weil keine neuen Kernkraftwerke gebaut werden durften. Natürlich hat die Atomkraft, stärker als die Windenergie, Risiken – weil die Gefahr eines Unfalls bleibt oder weil es nicht ganz einfach ist, die abgebrannten Brennstäbe gefahrenlos zu verwahren.

Nicht zu vergessen, dass Kernkraftwerke auch gegen Terroranschläge nicht hinreichend geschützt sind. Ist nicht allein dieses Risiko schon viel zu groß?

Es gibt auf der Welt Zigtausend atomare Sprengköpfe. Dass davon einer in falsche Hände kommt, zum Beispiel in terroristische Hände, und dass Terroristen einen solchen Sprengkopf zur Explosion bringen, ist denkbar. Dass jemand mit einer atomaren Bombe ein Kernkraftwerk in die Luft sprengt, ist auch vorstellbar. Aber beides ist nicht unbedingt wahrscheinlich. Die Vorstellung, eine atomare Bombe könnte in falsche Hände kommen, ist erheblich wahrscheinlicher, als dass jemand einen Anschlag auf ein Kernkraftwerk verübt.

Finden Sie es ethisch vertretbar, dass wir mit den atomaren Brennstäben noch ganzen Generationen ein Problem überlassen, für das wir selbst keine Lösung haben?

Jedenfalls ist die große Mehrheit aller Staaten der Welt, aller Parlamente und Regierungen der Welt zu dem Ergebnis gekommen, dass dieses Risiko ethisch vertretbar sei. Ich wundere mich darüber, dass allein Deutschland zu einem anderen Ergebnis kommen möchte.

Könnte sich Ihre Partei einen Ausstieg aus dem Atomausstieg noch erlauben in diesen mageren Zeiten?

Diese Wende ist im Augenblick nicht dringend notwendig, aber irgendwann wird sie kommen.

Sie wurden früher als »Atomkanzler« bezeichnet – ist das für Sie eine Schmähung oder doch eher ein Ehrentitel?

Der Bau von Atomkraftwerken ist lange vor meiner Regierungszeit beschlossen worden. Ich habe nur fortgesetzt, was unter Brandt, Kiesinger, Erhard und Adenauer begonnen wurde – ohne Begeisterung, wohl aber aus Gründen der Vernunft.

24. Juli 2008

Bloody Mary ohne Pfeffer

Über Trinkgewohnheiten
von Politikern

Lieber Herr Schmidt, ich habe gesehen, dass in Ihrem Bungalow in Hamburg-Langenhorn eine kleine Bar steht. Beginnen dort die Abende der Familie Schmidt?

Nein, die wird nur genutzt, wenn Gäste da sind.

Haben Sie sich die Bar in Ihrem Haus gewünscht?

Ja, das war meine Idee, und meine Frau und meine Tochter haben gesagt, so was machen nur Snobs. Aber sie haben mich dann schließlich gewähren lassen. Inzwischen hat sich die Bar bewährt. Man sitzt da ganz eng gedrängt und muss miteinander reden. Und wenn die Gäste zwei Drinks hinter sich haben, werden sie zum Essen gebeten. Dann haben sie sich schon aneinander gewöhnt und angewärmt.

Die Bar ist gut sortiert?

Ich selber trinke ganz wenig Alkohol. Ich bin eigentlich mehr Kaffee- und Teetrinker. Die Whiskeys in der Bar trinken die Gäste.

Wer mixt die Drinks, wenn die Gäste kommen? Ich habe einmal einen Ihrer ehemaligen Sicherheitsbeamten als Barmann gesehen.

Richtig, das ist Otti. Der ist freundlich genug, und es macht ihm auch Spaß, den Barkeeper zu machen. Wenn ich mit den Gästen zusammen in der Bar sitze oder stehe, dann trinke ich manchmal eine Bloody Mary, Tomatensaft und Gin, aber ohne Pfeffer. Das ist die einzige Ausnahme von meinen Trinkgewohnheiten.

Haben Sie es in der Politik auch manchmal so gehalten, dass Sie mit einem Politiker einen trinken gegangen sind?
Nicht nur mit deutschen, auch mit Ausländern.

Ist es ein Klischee, dass russische Politiker gerne trinken?
Es mag ein Klischee sein. Außerdem ist es die Wahrheit.

Kann man da mithalten, wenn man kein Russe ist?
Nicht ewig. Ich erinnere mich an ein Essen, das wir in Bonn für Breschnew gaben. Links von Breschnew saß Walter Scheel, der war Bundespräsident. Rechts von Breschnew saß ich als Regierungschef. Breschnew trank den Wodka aus Wassergläsern. Er leistete sich einen persönlichen Diener, Aljoscha, der hatte einen großen Flachmann in der Brusttasche und musste immer nachschenken. Ein Wasserglas voll Wodka haben Scheel und Schmidt mitgetrunken. Das zweite Wasserglas voll Wodka haben wir auch noch mitgetrunken. Beim dritten Glas hat Schmidt gestreikt.

Früher wurde ohnehin mehr getrunken, auch in Redaktionen. Heute ist das verpönt.

Das mag so sein. Die rauchen ja auch nicht mehr. Rauchen nicht, trinken nicht – langweilige Menschen. (Lacht)

Hatten Sie schon mal einen richtigen Rausch?

Wahrscheinlich das letzte Mal vor fast 60 Jahren. Der Anlass war ein Betriebsfest des Amtes für Verkehr in Hamburg. Das war ein einziges Mal im Leben, und es war nicht wirklich ein Rausch. Immerhin habe ich damals meine Brieftasche sicherheitshalber meiner Frau übergeben.

Konnte man so eine Feier nur mit Alkohol ertragen?

Nein, die war ganz gemütlich. Ich weiß auch noch, wo das war: in einer Kneipe in der Nähe der Michaelis-Kirche.

Hatten Sie auch keinen Kater am nächsten Morgen?

Nee. Habe ich nie gehabt.

Es gibt Leute, die kriegen schon nach zwei Gläsern einen Kater.

Ich habe mich letzte Woche mit einem sehr interessanten Russen unterhalten, wir haben außer Wasser nur skandinavischen Aquavit getrunken.

Den Sie gut vertragen haben, nehme ich an?

Oh ja.

Und der Russe auch?
Ja, er musste doch.

31. Juli 2008

»Ganz rauskommen
darf man nicht«

Politiker in den Ferien

Lieber Herr Schmidt, was bedeutet es, wenn fast alle Politiker in Deutschland gleichzeitig in die Ferien fahren?

Das bedeutet gar nichts.

Die klügsten Köpfe des Landes sind im Urlaub – und das soll keine Auswirkungen haben?

Sie sind alle erreichbar und funktionstüchtig, falls etwas entschieden werden muss. Ich finde, Politiker sollten Urlaub machen. Die brauchen auch mal Zeit, um ihr Gehirn auszuruhen und um zu lesen.

War das in Ihrer Zeit auch schon so, dass man in die Ferien fuhr, aber trotzdem permanent erreichbar blieb?

Aber ja.

Sind Sie immer mit einem Referenten gefahren, der den Überblick behalten hat?

Ja. Man behielt selber den Überblick und war natürlich über Fernschreiber und Telefon mit dem eigenen Stab verbunden.

Hatten Sie eine Regelung gefunden, womit Sie belämmert werden wollten und womit nicht?

Das haben wir nicht formal geregelt, das hat sich durch Übung ergeben. Natürlich haben sie mich nicht mit jeder Kleinigkeit behelligt, das hätte ich sonst abgestellt.

Haben Sie es denn mal geschafft, einen Tag Ruhe von allem zu haben?

Wahrscheinlich ist das vorgekommen, ziemlich selten.

Wie viele Wochen Ferien braucht man denn, um runterzukommen und rauszukommen aus der Mühle?

Ganz rauskommen darf man nicht. Aber um von der Tretmühle runterzukommen reichen zwei Tage, wenn man gesund ist. Wenn man krank ist, dauert es länger.

Fühlten Sie sich nach dem Urlaub wieder bei Kräften?

Ich bin sehr viel krank gewesen. Das haben wir der veröffentlichten Meinung weitgehend verheimlicht. Ich habe inzwischen den fünften Herzschrittmacher, wenn ich richtig gezählt habe. Die ersten habe ich bekommen, während ich in Ämtern war. Ich hatte nicht nur Herzprobleme, auch Schilddrüsenprobleme und alles Mögliche. Die Kräfte haben immer gereicht, wenngleich ich nie kerngesund gewesen bin.

Aufgrund Ihrer Arbeitsbelastung?

Vielleicht. Wohl auch wegen des Krieges. Ich bin mal aus Russland nach Hause gekommen und war nicht einsatzfähig, weil ich, von Rheuma geplagt, beide Knie weder krumm noch gerade bekam. Ich war da Anfang zwanzig und ging am Stock. So wie heute. (Lacht)

Haben Sie in den Ferien politische Pläne ausgeheckt?
Nein. Ich habe den Urlaub meistens genutzt, um zu schreiben: Reden und Aufsätze. Später, nicht mehr im Dienst, auch Bücher.

Hat da Loki nicht protestiert?
Nee, hat sie nie. Sie hatte doch ihre eigene Arbeit.

Haben Sie wenigstens Rituale geschaffen, gemeinsame Essen oder Mußestunden?
Gemeinsam essen fast immer, außerdem gemeinsame Schachspiele. Ich habe übrigens gestern Abend zwei Partien gegen Peer Steinbrück verloren. Der ist ein erstklassiger Schachspieler.

Spielt Ihre Frau auch gut?
Genauso gut wie ich.

Gab es zu Ihrer Zeit das sogenannte Sommertheater?
Das ist ein journalistisches Schlagwort, das es zu unserer Zeit auch gegeben hat. Das Wort Sommertheater hat wahrscheinlich seinen Ursprung darin, dass es in deutschen Seebädern oder in anderen Erholungsorten zweitrangige Bühnengastspiele gab, wenn die Leute dort Ferien machten. Ein Sommertheater hatte nicht ganz das Niveau der staatlichen Bühnen in München

oder Hamburg. Und ähnlich ist es mit dem politischen Sommertheater. Da versuchen oft zweitklassige Politiker, endlich einmal im Mittelpunkt zu stehen.

War das Echo auf das Ausschlussverfahren gegen Wolfgang Clement angemessen oder schon Sommertheater?

Das Interesse war angemessen, die Behandlung war zum Teil sensationsgierig und oberflächlich. Das vorläufige Ergebnis ist aber zufriedenstellend.

21. August 2008

Schifffahrt vor Stockholm

Über den Club der Ehemaligen

Lieber Herr Schmidt, in der *New York Times* habe ich gelesen, dass Sie einem besonders exklusiven Club angehören. Er besteht aus ehemaligen Staatsmännern, und Sie haben sich gerade in Stockholm getroffen.

Ja, wir kommen einmal im Jahr zusammen, immer an einem anderen Ort – manchmal in Südamerika, in Asien, in Afrika, manchmal eben in Europa.

Wer darf in diesen Verein rein?

Der Club besteht seit 1983, gegründet hat ihn der frühere japanische Premierminister Takeo Fukuda. Giscard d'Estaing hat viele Male teilgenommen, Chirac eher seltener, denn er war lange im Amt. Kissinger ist mehrfach als *special guest* dabei gewesen, denn er war ja kein Staatschef. Aber es waren auch ehemalige kommunistische Staats- und Regierungschefs beteiligt. Einige sind längst gestorben. Ich war zehn oder zwölf Jahre der Vorsitzende.

Wie alt sind denn die Teilnehmer im Schnitt?

Ich weiß das nicht. Vermutlich um die 60 Jahre.

Diesmal waren zum ersten Mal junge Leute zwischen 20 und 30 Jahren als Zuhörer dabei. Haben Sie eine Kluft zwischen den Generationen gespürt?

Nein, was ich bemerkt habe, war deren großes Interesse.

Die ebenfalls junge Korrespondentin der *New York Times*, die den Bericht darüber verfasst hat, fühlte sich in ein anderes Zeitalter versetzt. Sie verspürte gar einen Hauch von Kaltem Krieg.

Da hat sie etwas gespürt, was ich nicht gespürt habe.

Diskutieren Sie von morgens bis abends in Ihrem Club, oder gibt es auch ein buntes Programm?

Bunte Programme gibt es natürlich nicht. Es gab nur eine wunderbare abendliche Schifffahrt durch die Schären vor Stockholm, bei der es zugleich ein Abendessen gab. Und schwedischen Aquavit.

Sie finden ja überall Gehör. Aber ist es insgesamt nicht eine Versammlung von *has beens*?

Es ist eine Versammlung von *has beens*, wie ich auch einer bin. Aber es ist andererseits ganz zweifellos eine Versammlung von interessanten Leuten mit Verantwortungsbewusstsein, Sachkenntnis und Überblick.

Was war bislang Ihr größter Erfolg?

Die stärkste Wirkung haben wir wohl erzielt, als wir uns relativ kurz nach der Tiananmen-Tragödie ganz demonstrativ in Shanghai getroffen haben, Kissinger und der ehemalige amerikanische Verteidigungsminister Robert McNamara waren dabei. Damals bestand die Gefahr eines Kalten Krieges zwischen dem Westen und China. Dem haben wir begegnen wollen. Ein Kalter Krieg wurde vermieden. Dieses Jahr in Stockholm haben wir uns für einen Vertrag ausgesprochen, der die Atomwaffen-Staaten zum »non-first use« ihrer atomaren Waffen verpflichten soll.

Hat eine Versammlung von *has beens* dann nicht doch etwas Melancholisches an sich, weil die Gestaltungsmacht so gering ist?
Die Möglichkeiten zur Verwirklichung sind sehr gering. Aber dass von dort Denkanstöße ausgehen, kann ich mit dem Beispiel illustrieren, das wir mit dem Entwurf einer Erklärung der menschlichen Verantwortlichkeit gegeben haben. Das ist ein ergänzendes Gegenstück zur Erklärung der Menschenrechte der Vereinten Nationen. Wir sind gemeinsam der Überzeugung, dass der Mensch nicht nur Rechte hat, sondern auch Verantwortung. Das haben wir in einem Dokument niedergeschrieben, an dem wir beinahe ein Jahrzehnt gearbeitet haben – unter Mitwirkung von muslimischen, hinduistischen, buddhistischen und christlichen Führungspersonen. Dann hat es der Generalsekretär der Vereinten Nationen auf die Tagesordnung der Generalversammlung gesetzt.

Und was ist mit dieser Erklärung passiert?
Sie ist bis heute nicht verabschiedet worden.

28. August 2008

Ein Bürger namens Schmidt

Wahlkampf in den Fünfzigern

Lieber Herr Schmidt, durch Zufall habe ich erfahren, dass Sie ein Pionier des modernen Wahlkampfs waren.

Das weiß ich nicht mehr.

Vor mehr als einem halben Jahrhundert, im Jahre 1953, waren Sie Hauptdarsteller eines zehnminütigen Werbefilms mit dem Titel: »Ein Bürger namens Schmidt«.

Richtig. Der war kurz genug, damit die Leute, die den U- oder S-Bahnhof verließen, kurz stehen blieben und sich den Film ansahen.

Das war also mobiles Kino?

Ja, das war ein Volkswagenbus mit einem Projektor, der dieses Filmchen auf die Wand eines Brückenpfeilers warf. Das war aber nicht meine Idee, der Pionier war der Produzent Gyula Trebitsch, er hatte das erfunden. Wir waren befreundet, und ich bin darauf mit Vergnügen eingegangen.

Können Sie sich erinnern, was man in diesem Film sah?

Nein, ich habe den später nie wieder gesehen.

Der Film begann mit einer Aufnahme des Klingel-schildes und sollte wohl zeigen: Ich bin ein Bürger wie ihr auch. Es war sehr volksnah.

Ich erinnere nur noch, dass es ein Bild darin gibt, wo ich mit Frau und Tochter zusammen abgebildet bin.

Und die beiden sind zu einigen Vorführungen auch mitgefahren. Susanne bekam währenddessen einen Apfel, damit sie ruhig war.

Vielleicht ist das einmal so gewesen. Aber so klein war sie ja nicht mehr, sie war immerhin schon sechs.

Und wissen Sie noch, wie die Zuschauer reagierten?

Sie haben sich das angeguckt und sind dann nach Hause gegangen.

Standen Sie gern vor der Kamera von Herrn Tre-bitsch?

Das weiß ich nicht mehr. Trebitsch war übrigens ein sehr erfolgreicher Unternehmer, dem es bei den Filmen und später auch bei den Fernsehproduktionen weniger auf seinen Umsatz und seinen Gewinn ankam als viel-mehr auf die Qualität dessen, was er tat. Und er war politisch interessiert.

Er war mit einer Kommunistin verheiratet.

Das war nicht entscheidend. Er kam aus dem KZ; das war der entscheidende Punkt. Erna Trebitsch war übrigens eine fabelhafte Frau.

Hat Gyula Trebitsch Ihnen erzählt, was ihm in den Konzentrationslagern der Deutschen angetan worden war?

Ja, das hat er.

Haben Sie sich als ehemaliger Wehrmachtsoffizier dafür geschämt?

Ich habe mich nicht geschämt, denn ich hatte nicht das Gefühl, dafür Verantwortung zu tragen. Sie wissen doch, dass ich selbst einen jüdischen Großvater hatte und nur mit Glück durch das Dritte Reich gekommen bin. Wir haben die sogenannte arische Abstammung fingiert. Wenn das rausgekommen wäre, weiß man nicht, was uns, insbesondere meinem Vater, passiert wäre.

Zurück ins Jahr 1953: Der Film von Herrn Trebitsch sollte helfen, Sie zum Berufspolitiker zu machen.

Ich bin durch Zufall Bundestagskandidat geworden. Einige Sozialdemokraten hatten mir angeboten, in ihrem Wahlkreis zu kandidieren, und ich entschied mich dann für einen, der nahe lag – das war Hamburg-Nord. Natürlich war ich längst sozialdemokratisch gesinnt, aber die ersten vier Jahre im Bundestag haben dazu geführt, dass ich innerlich mit der Politik verheiratet wurde.

Wenn Sie sich heute im Fernsehen sehen, schauen Sie hin oder schalten Sie um?

Ich schaue mir das kritisch an, sowohl den Inhalt als auch die Rhetorik und die Darbietung.

Und wie finden Sie sich dann?

Im Durchschnitt bin ich ganz zufrieden. Aber man lernt auch, wenn man sieht, dass man Fehler gemacht hat.

Immer noch?

Ja, bis auf den heutigen Tag.

4. September 2008

Lale Andersen, Grace Kelly und die Dietrich

Ikonen der frühen Jahre

Lieber Herr Schmidt, immer wieder werde ich gefragt, ob es in Ihrem Leben Schauspieler oder Sänger gab, für die Sie geschwärmt haben.
Geschwärmt, sagen Sie ...

Ja, der Produzent Gyula Trebitsch zum Beispiel, von dem Sie vergangene Woche so anerkennend gesprochen haben, hat mit großen Stars Ihrer Jugend gedreht.
Es kann so sein. Einer seiner größten Erfolge war dieser Film mit Curd Jürgens, »Des Teufels General«.

Er hat auch Heinz-Rühmann-Filme produziert. Haben Sie Rühmann auch persönlich gekannt?
Flüchtig.

Er war ja schon ein Star, als Sie noch ein junger Mann waren.
Als ich ein junger Mann war, waren die Stars Hans Albers, Lil Dagover, später Zarah Leander, Heinz Rühmann, Magda Schneider. Dann gab es Greta Garbo: der größte Star meiner Jugendzeit! Und ich erinnere mich an dieses eine Lied, das der Sender Belgrad jeden Tag spielte und das sowohl die deutschen als auch die englischen und amerikanischen Soldaten geliebt haben. Wie hieß die Sängerin bloß?

Lale Andersen vielleicht?

Lale Andersen! »Vor der Kaserne, vor dem großen Tor, stand eine Laterne, und steht sie noch davor, so woll'n wir uns da wiederseh'n - wie einst, Lili Marleen.« Das war ein sehr sentimentales Lied.

War man gerührt, wenn man es an der Front hörte?

Aber wie! Es gab ein ähnlich sentimentales Lied nach dem Kriege in den Sechzigerjahren, gesungen von Marlene Dietrich: »Sag mir, wo die Blumen sind«. Die Dietrich konnte nicht wirklich singen, aber sie war eine erstklassige Chansonette. Und dann dieses raffiniert komponierte Lied! Die ersten drei Strophen jeweils um einen Ton nach oben versetzt, dann die vierte und fünfte jeweils einen Ton nach unten. Der zu Herzen gehende Vers war: »Sag, wo die Soldaten sind, wo sind sie geblieben?« Das führte bei mir und vielen anderen alten Soldaten zur inneren Erschütterung.

In welchen Frauentyp verliebten sich denn die jungen Soldaten?

Das kann ich nicht sagen. Ich bin sehr viel später sehr fasziniert gewesen von Lilli Palmer. Sie war drei, vier Jahre älter als ich. Und es gab eine Sängerin, die uns auch im Tonfilm zu Herzen ging, Rosita Serrano. »Roter Mohn«, so fing das Lied an, »warum welkst du denn schon« - auch sentimental. Soldaten neigen im Kriege zur Sentimentalität, wenn Ruhe ist, in der Nacht.

Galt in den Nachkriegsjahren nicht die Französin als das Bild der begehrenswerten Frau schlechthin?

Von den französischen Sängerinnen war Edith Piaf diejenige, die am stärksten auf uns wirkte.

Haben Sie eine Erinnerung an Marilyn Monroe?

Nein, sie hat mich eigentlich nicht interessiert. Dann schon eher Grace Kelly. Die habe ich mal kennengelernt. Später hieß sie Gracia Patricia und war Fürstin von Monaco geworden. Ich habe sie in Monaco getroffen und musste mit ihr Walzer tanzen.

Und – wie haben Sie sich geschlagen?

Nicht gut.

Sie können nicht tanzen?

Doch, aber ich war schon in fortgeschrittenem Alter, und der Walzer war ein bisschen anstrengend. Ich hätte einen englischen Walzer vorgezogen.

Und wie war sie?

Voller Temperament. Aber sie war nun inzwischen auch keine junge Frau mehr.

War ihr die frühere Schönheit noch anzusehen?

Ja, die merkte man noch. Als ich sie in den Fünfzigerjahren in Los Angeles kennenlernte, war sie eine kühle Blonde und machte gerade einen Film mit Glenn Ford.

Gibt es von Ihren Begegnungen noch ein Bild?

Ich hoffe, Sie finden es nicht. (Helmut Schmidt lacht)

11. September 2008

Schweinesülze und Labskaus

Über Essgewohnheiten

Lieber Herr Schmidt, immer wieder sagen Sie, dass Sie sich aus Essen nichts machen.

Ja, ich bin von Hause aus so geprägt, dass ich weder ein Gourmet bin noch ein Gourmand.

Mögen Sie es wenigstens, mit Freunden oder der Familie beim Essen zusammen zu sein?

Das mache ich gern.

Wünschen Sie sich dann auch ein bestimmtes Gericht?

Ich will Ihnen einmal eine Geschichte erzählen. Seit vielen Jahren esse ich am Wochenende, wenn ich am Brahmsee bin, gemeinsam mit den Sicherheitsbeamten und den Fahrern. Wir gehen in eine Dorfkneipe, da gibt es ein Hinterzimmer, wo man die Geräusche von draußen nicht hört. Meistens läuft es darauf hinaus, dass meine Frau oder ich oder wir beide Geschichten aus alten Zeiten erzählen.

Bestellen Sie in dieser Dorfkneipe immer das Gleiche?

Jeder bestellt nach der Karte, was er gern essen möchte. Die Jungs essen meist Sauerfleisch mit Bratkartoffeln.

Schweinesülze also. Mögen Sie die auch?

Ja.

Und Labskaus?

Ja, selbstverständlich. Auf dem Dorf in Holstein gibt es kein Labskaus, aber in Hamburg sehr wohl. Das beste Labskaus in Hamburg gibt es gegenüber der Michaelis-Kirche im Old Commercial Room.

Können Sie es selber kochen?

Ich kann Kaffee, Tee und eine Bouillon kochen – das ist alles.

Kocht Loki?

Ja, sehr ordentlich.

Sind Ihnen auf Reisen auch unheimliche Dinge serviert worden, zum Beispiel in China?

Seltsame Sachen hat man bisweilen gegessen. Ich glaube, ich habe mal Insektenaugen gegessen – als Kaviar.

Mögen Sie es, wenn der Teller voll ist? Herr Siebeck lästert immer wieder darüber, dass die Portionen in Deutschland zu groß sind.

Ja, das ist so. Für mich sind sie immer zu groß, es bleibt immer etwas auf dem Teller. Das liegt allerdings daran, dass ich im Wesentlichen von Kaffee und Zigaretten lebe und nicht von Speisen.

Sie essen so wie jemand, der Essstörungen hat.

Ja, ich bin aber nicht essgestört. Ich nehme auch nicht ab.

War es immer schon so, dass Sie wenig gegessen haben?

Wahrscheinlich, aber ich wiege konstant etwas über 80 Kilo.

Sie haben als junger Mann die Erfahrung von Hunger gemacht. Prägt das fürs Leben?

Hunger? Ja, die Erfahrung habe ich weiß Gott gemacht. Es war während des Krieges in Russland, aber insbesondere dann in der Nachkriegszeit, am schlimmsten vorher in der Kriegsgefangenschaft. Die Engländer hatten nichts zu essen, die hatten nicht mit solchen Massen von Kriegsgefangenen gerechnet. Das Einzige, was sie hatten, war Klopapier. Aber weil wir nichts zu essen kriegten, brauchten wir auch kein Papier.

Haben die Deutschen in den Fünfzigerjahren so kalorienreich zugelangt, weil sie solche Erfahrungen kompensieren mussten?

Ja, natürlich. Es war im Übrigen auch eine Periode des Wiederaufbaus der körperlichen Kräfte. Wir Deutschen haben dann ein bisschen zu viel gegessen und wurden ein bisschen zu schwer.

Aber Sie erinnern sich auch noch an die Würste, die plötzlich in den Schaufenstern hingen?

Wir hatten einmal vor der Währungsreform, 1948 muss das gewesen sein, Besuch von einem englischen

Paar. Loki hatte Kartoffelsalat und Würstchen gemacht. Damals sagte Nocker White zu seiner Frau: »Und ich dachte immer, *wir* hätten den Krieg gewonnen!«

18. September 2008

»Ein paar Zentimeter links von der Mitte«

Die Gefährdung des Sozialstaates

Lieber Herr Schmidt, eine Lieblingsthese der *ZEIT*-Redaktion lautet, dass Deutschland nach links gerückt sei. Teilen Sie diesen Eindruck?

Bezogen auf die Sozialpolitik ist diese Aussage nicht unbedingt verkehrt.

Stört Sie das?

Ich bin ein Anhänger des Sozialstaates. Ich halte den Sozialstaat für die größte kulturelle Leistung, die wir Westeuropäer im 20. Jahrhundert zustande gebracht haben. Ich sehe den Sozialstaat allerdings durch die Überalterung der europäischen Völker gefährdet und weil zugleich für sehr viele Deutsche die Rentenzahlung heutzutage bereits mit 61 Jahren beginnt. Inzwischen sind 25 Prozent aller Deutschen schon Rentner.

Sie sind ein Anhänger des Sozialstaates – würden Sie sich auch als links bezeichnen?

Nein. Ich habe immer in meinem Leben gesagt: ein paar Zentimeter links von der Mitte.

Es gibt in den Parteien fast nur noch Anhänger des Sozialstaates, auch wenn viele wissen, dass man ihn sich so, wie er ist, oder zumindest so, wie er vor der Einführung der Agenda 2010 war, nicht mehr leisten kann.

Die Mehrheit der Deutschen verlangt die Aufrechterhaltung des Sozialstaates. Das schließt beinahe die CDU ein und geht zum Teil rechts über sie hinaus. Wer aber Übertreibungen und finanzielle Gefährdungen des Sozialstaates zu korrigieren versucht, läuft Gefahr, nicht gewählt zu werden.

Dann müssten Sie ja auch für den Erfolg der Linkspartei Verständnis haben.

Verständnis schon, aber er missfällt mir außerordentlich. Die Linkspartei wird von ökonomischen Opportunisten geführt, wie wir sie in Deutschland nach 1945 bisher kaum erlebt haben.

Das ist ja noch eine milde Charakterisierung von Lafontaine. Musste das mit dem Hitler-Vergleich sein?

Ich habe keinen der heutigen Politiker mit Hitler verglichen. Wohl aber habe ich, über charismatisch begabte Politiker sprechend, einige namentlich genannt, von Franz Josef Strauß und Willy Brandt bis zu Obama, Hitler und Lafontaine. Der Kernsatz war: Man darf nicht vergessen, dass Charisma allein noch keinen guten Politiker macht.

Gut, aber was sind die Gründe für deren Aufstieg?

In Deutschland gibt es sicherlich eine größere Bereitschaft zur Ängstigung als in den meisten anderen europäischen Staaten. Das hängt mit dem Bewusstsein zusammen, zwei Weltkriege angefangen und unter schrecklichen Verlusten verloren zu haben. Die Angst sitzt nicht in den Genen, sie ist ein kulturelles Erbe. Ein Erbe auch aus der Erfahrung des deutschen Völkermords an den europäischen Juden.

Ist nicht die Agenda 2010 der viel wichtigere Grund?

Nein. Es hat auch vorher vielerlei Ängste unter den Deutschen gegeben.

Aber keine so starke Linkspartei.

Die Linkspartei verdankt ihre Popularität auch ihren populistisch auftretenden Führungspersonen. Sie wollen ihren Wählern gefällig sein und dafür mehr Geld ausgeben. Dafür sollen andere mehr zahlen oder sogar enteignet werden. Weil die Rechnung nicht aufgeht, ist eine höhere Staatsverschuldung eines der Ergebnisse.

Sie sind der Frage ausgewichen, ob die Agenda 2010 den Linksruck in Deutschland ausgelöst hat.

Ich will dem nicht ausweichen. Ich glaube, dass die Agenda 2010 deshalb eine große Chance für linke Wortführer geboten hat, weil sie publizistisch und politisch nicht ausführlich erklärt und begründet worden ist. Weil sie wie ein Blitzschlag über Nacht kam, nicht vorbereitet war und mit erheblichen handwerklichen Fehlern ins Werk gesetzt wurde. Aber prinzipiell geht die Agenda 2010 noch nicht weit genug. Sie hätte schon in

227

den ersten drei, vier Jahren nach der Vereinigung der
beiden deutschen Nachkriegsstaaten kommen müssen.
Inhaltlich war sie, gemeinsam mit der Weigerung, sich
am Irakkrieg zu beteiligen, die wichtigste Tat des Kanzlers Schröder.

25. September 2008

»Sensibilität für die politischen Gefühle der Russen«

Über Imperialismus

Lieber Herr Schmidt, man muss Sie nicht gut kennen, um zu merken, dass Ihnen die Berichterstattung über Russland nach dem Georgien-Konflikt nicht behagt. Auch nicht die in der *ZEIT*.

Die Berichterstattung über Russland behagt mir schon seit Jahren nicht sonderlich, das fing schon vor dem Tschetschenien-Krieg an.

Was stört Sie denn nun daran?

Ich will Sie mal an die Monroe-Doktrin erinnern.

Daran, dass die USA Lateinamerika zu ihrem Hinterhof erklärt haben?

Nicht nur. Die Monroe-Doktrin aus dem Jahre 1823 verfolgt zwei Prinzipien amerikanischer Interessenpolitik. Erstens: Ihr Europäer habt hier in Amerika nichts zu suchen. Zweitens: Wir werden uns nicht um das kümmern, was ihr in Europa macht. Die erste Hälfte ist nach wie vor eine amerikanische Doktrin. Wenn sich da einer einmischt, wie zum Beispiel Chruschtschow in Kuba, kann das bis zu einem Dritten Weltkrieg führen.

Der zweite Teil hat sich erledigt.

Ja, weil Amerika inzwischen in allen Teilen der Welt

interessiert und machtpolitisch involviert ist. Daran nehmen andere Großmächte wie Russland und China Anstoß. Es gibt einige in der politischen Klasse Amerikas, die glauben, sie könnten sich über die Einflusssphären anderer Großmächte hinwegsetzen. Und in diesem Sinne wird die westliche Publizistik beeinflusst. Nehmen wir Georgien: Es wird allen Ernstes debattiert, das Land in die Nato aufzunehmen. Georgien ist kein Teil Europas, sondern ein Teil Asiens. Der Nordatlantik-Vertrag spricht davon, dass man andere europäische Staaten aufnehmen kann, von asiatischen Staaten ist dort keine Rede.

Jeder Vergleich hinkt ein bisschen, dieser aber ganz besonders: Die USA kämen doch heute nie auf die Idee, sich zum Beispiel ein Stück von Mexiko einzuverleiben.

Das haben sie schon getan. Arizona und andere Staaten der USA, auch Texas, waren ursprünglich Teile des mexikanischen Staates.

Aber der mexikanisch-amerikanische Krieg war vor mehr als 150 Jahren! Heutzutage würden wir eine Invasion der USA in Mexiko doch genauso deutlich verurteilen wie Russlands Vorgehen in Georgien.

Das will ich hoffen. Ich hätte nichts dagegen, Russland zu verurteilen, aber ich habe etwas dagegen, die Russen allein in den Anklagestand zu versetzen. Seit Gorbatschow ist Georgien der allererste Fall einer russischen Invasion. Die Angriffe der USA auf Serbien, Irak und Afghanistan kamen vorher.

Die Deutschen sind ein Volk von Russland-Verstehern geworden!

Jedenfalls haben viele Deutsche eine etwas größere Sensibilität für die politischen Gefühle der Russen. Und das ist gut und notwendig.

Was auch etwas Positives sein kann. Die Kehrseite davon ist die Bereitschaft zum Appeasement.

Das glaube ich nicht, jedenfalls würde ich das für mich keineswegs gelten lassen. Appeasement heißt Beschwichtigung, und ich bin immerhin einer der Urheber des Nato-Doppelbeschlusses. Es spielt aber eine positive Rolle, dass die Russen meiner und der nachfolgenden Generation erstaunlicherweise keine Ressentiments mehr gegen die Deutschen haben. Und umgekehrt.

Wie erklären Sie sich das – nach allem, was sich Russen und Deutsche gegenseitig angetan haben?

Beide haben schrecklich gelitten und wissen das auch. Das galt auch für einen Mann wie Breschnew.

Man hat den Eindruck, dass viele Deutsche sich mehr vor den Amerikanern als vor den Russen fürchten.

Das ist heute möglicherweise bei manchen der Fall.

Ich höre bei Ihnen viel Verständnis dafür heraus.

Das hängt mit dem Irakkrieg, mit Abu Ghraib und Guantánamo zusammen. Wenn die neue US-Regierung diese ekelhaften Dinge beendet, werden viele Deutsche ihre Einstellung ändern. Ich glaube an die demokratische Vitalität der amerikanischen Nation, die von der Bush-Administration auf üble Weise missbraucht worden ist.

1. Oktober 2008

All die kleinen Schweinchen ...

Telefonüberwachung und Datenklau

Lieber Herr Schmidt, immer wieder haben die Deutschen Angst vor totaler staatlicher Überwachung. Schon zu Ihrer Zeit als Politiker gab es die Debatte um die Rasterfahndung, später den Aufstand gegen die Volkszählung.

Diese Angst ist uns zunächst zum Teil von der journalistischen Klasse, zum Teil von den Achtundsechzigern eingeflößt worden. Und inzwischen hat sie sich verfestigt.

Die Medien und die Achtundsechziger sind natürlich an allem schuld!

Die Abneigung gegen die wachsende Regulierungswut teile ich. Vor ein paar Tagen erhielten meine Frau und ich den Brief einer Bundesbehörde; darin stand, ich hätte in Zukunft eine Steuernummer, eine lange Zahl, und ich solle den Brief sorgfältig aufbewahren, die Nummer gelte für mein ganzes Leben. Ich habe mich gefragt, wo ich die denn aufbewahren soll. Gedacht habe ich: Rutsch mir doch den Buckel runter!

,

233

Und nun ist der Brief weg?

Nein, ich habe ihn meinem Steuerberater geschickt.

Die größte Gefahr scheint im Moment von Leuten auszugehen, die Daten zum Beispiel über das Internet ausspionieren und sie verkaufen. Haben Sie die Aufregung über den sogenannten Datenklau mitbekommen?

Auch hier ist es mehr die Publizistik, die sich darüber aufregt. Den normalen Bürgern ist das ziemlich egal. Lange vor dem Datenklau wusste man doch, dass fremde und deutsche Nachrichtendienste manchmal Telefongespräche abhören. Ich habe immer damit gerechnet, dass mein Telefon angezapft wird. Ich rechne auch heute damit.

Das muss kein gutes Gefühl sein.

Zum Kotzen. Es stört mich aber nicht sonderlich; denn wirklich wichtige Gespräche führe ich nicht per Telefon.

Wer könnte sich heute noch etwas davon versprechen?

Ich will Ihnen mal eine Geschichte erzählen, die zu Beginn der Sechzigerjahre spielt, zur Zeit der Spiegel-Affäre, die eigentlich eine Strauß-Affäre war. Ich erinnere mich an Gespräche mit Wolfgang Döring, das war einer von den damals sogenannten Jungtürken der FDP in Düsseldorf. Er war, genauso wie ich, empört über die Anmaßungen der Bundesanwaltschaft und des Verteidigungsministers Strauß. Und immer, wenn Döring mich anrief, begann er das Gespräch mit: »Helmut, lassen

234

Sie uns erst mal all die kleinen Schweinchen begrüßen, die hier mithören.« Da habe ich gelacht und ihm zugestimmt. Ich war damals Senator in Hamburg.

Besitzen Sie überhaupt Kundenkarten, die in falsche Hände geraten könnten?
Neulich hat mir jemand gesagt: Ihre Kreditkarte ist abgelaufen, Sie müssen mir die geben, ich habe Ihre neue Karte. Ich musste überlegen: Wo habe ich die alte Karte denn? Ich hatte die seit Jahren nicht gebraucht.

Sie zahlen in der Regel bar?
Nur bei kleinen Beträgen. Ansonsten lasse ich mir Rechnungen schicken. Das ist die einzige Methode, den Überblick zu behalten.

Nun sind die deutschen Geheimdienste ja dem Kanzleramt untergeordnet. Haben Sie in Ihrer Zeit manchmal Abhörprotokolle von bekannten Menschen zu lesen bekommen?
Nein, niemals.

Warum nicht? Weil ein Mitwisser sich nur die Finger verbrennen kann?
Ich habe dergleichen instinktiv abgelehnt. Die Überwachung der deutschen Geheimdienste lag in den Händen des Kanzleramtschefs Manfred Schüler. Der hat das prima und lautlos gemacht.

Was geht Ihnen durch den Kopf, wenn Sie lesen, dass Firmen wie Lidl oder die Telekom ihre eigenen Mitarbeiter bespitzelt haben?

Abermals zum Kotzen! George Orwell hat all das schon vor Jahrzehnten vorhergesehen. Inzwischen breitet es sich aus. Das ist ein ekelhafter Nebeneffekt des elektronisch-technischen Fortschritts.

9. Oktober 2008

Der Takt des Herzschrittmachers

Über Ärzte und überflüssige Ratschläge

Lieber Herr Schmidt, man sagt Ihnen nach, dass Sie ein renitenter Patient seien. Einmal sollen Sie sogar aus der Klinik ausgebüxt sein.
Das ist nicht wahr.

Aber Sie haben im Krankenhausbett geraucht!
Das ist wahrscheinlich.

Wie haben Sie das denn durchbekommen?
Weiß ich nicht. Es ist lange her, dass ich in einer Klinik war. Dieses gesetzliche Rauchverbot gab es da jedenfalls noch nicht.

Doch, im Krankenzimmer immer! Stimmt es denn, dass Ärzte Ihnen allen Ernstes geraten haben, mit dem Rauchen nicht aufzuhören?
Das haben mir zwei Ärzte gesagt – allerdings relativ spät in meinem Leben, im Laufe der letzten zehn Jahre.

Es heißt, sie hätten Ihnen versichert, dass die gefährdeten Gefäße hinreichend »auszementiert« seien ...
Nee, diese Geschichte habe ich spaßeshalber selbst erfunden. Wir haben uns gar nicht ernsthaft über das

Aufhören unterhalten. Meine Ärzte wissen, dass ich mein ganzes Leben lang ein Zigarettenraucher war, und sie haben mir noch nie geraten aufzuhören.

Sie haben es nicht gewagt, würde ich mal sagen.
Sie waren vernünftig genug, einem alten Mann keine überflüssigen Ratschläge zu geben.

Gibt es einen Arzt, dem Sie besonders viel verdanken?
Es gab Wolfgang Völpel, Oberstarzt am Bundeswehr-Krankenhaus in Koblenz, und es gibt Professor Heiner Greten in Hamburg. Ich war oft ernsthaft krank, aber diese beiden Internisten haben mich über alle Hürden gebracht. Aber ich muss mich auch bei dem Herzchirurgen in Kiel bedanken, der mir vier Bypässe gelegt hat.

Sie haben zwei Herzinfarkte erlitten und inzwischen den fünften Herzschrittmacher. Den ersten bekamen Sie vor knapp 30 Jahren, noch während Ihrer Kanzlerschaft.
Das war ein Gerät mit einem gleichbleibenden Takt, den man mit Worten nicht beschreiben kann. Klang in etwa so: (Helmut Schmidt klopft auf den Schreibtisch)

Hört sich wie das Ticken einer Standuhr an.
Ja, und das 24 Stunden am Tag! Die heutigen Schrittmacher sind viel raffinierter; mein jetziger springt nur an, wenn er gebraucht wird. Inzwischen funktioniert mein natürlicher Schrittmacher wieder ganz ordentlich – man könnte den anderen eigentlich rausnehmen.

Können Sie sich erklären, was Sie so anfällig gemacht hat für Herzbeschwerden?

Ich bin wahrscheinlich nicht anfälliger als jeder andere, der schwer arbeitet.

Haben Sie sich jemals geschont, wenn Sie krank waren?

Nein.

Einmal haben Sie in Bonn auf Giscard d'Estaing gewartet, es war kalt, es schneite, und Sie standen eine Dreiviertelstunde auf der Landebahn. Danach haben Sie eine Lungenentzündung bekommen.

Das müssen Sie, glaube ich, unter der Rubrik »Journalistische Fantasie« verbuchen.

Ist doch keine unehrenhafte Geschichte!

Unehrenhaft nicht. Weder für mich noch für die Landebahn.

Als Kanzler haben Sie nie öffentlich über Ihre Krankheiten gesprochen. Muss man so etwas verschweigen?

Das muss man wohl nicht; ich habe aber wenig darüber geredet.

Weil es nicht zum Bild des tatkräftigen Regierungschefs passte?

Wegen des Bildes weniger. Es führt zu Spekulationen.

Ihre Frau hat mal gesagt: »Ich habe einfach keine Zeit für Zipperleins!«

Sie ist abgehärtet gegen Wehleidigkeit, ich auch.

Hat sie Sie gepflegt, wenn Sie erkältet waren?

Nein. Für mich hat immer gegolten: Mit Arzt dauert eine Erkältung sieben Tage, ohne Arzt eine Woche. Deshalb habe ich Erkältungen immer abgewettert. Mit Pillen und mit Kamillentee mit Honig. Und sonst nicht viel.

16. Oktober 2008

Und dann gibt es noch die Investmentbanker ...

Über die Finanzkrise

Lieber Herr Schmidt, es gibt Themen, die selbst für unsere Zigarettengespräche zu groß sind, jetzt zum Beispiel die Finanzkrise ...

Zunächst möchte ich festhalten, dass es viele Themen gibt, die sich für Zigarettengespräche nicht eignen.

Achtung, das war ironisch gemeint! Vielleicht können wir wenigstens darüber sprechen, ob wir Journalisten uns in diesen Wochen angemessen verhalten.

Es ist, jedenfalls für einen verantwortungsbewussten Zeitungsmacher, keineswegs sinnvoll, zur Verunsicherung beizutragen. Bis zum heutigen Zeitpunkt haben die deutschen Medien sich ausreichend diszipliniert verhalten. Eine ganz andere Frage ist, was im nächsten und im übernächsten Jahr geschehen muss.

Was sollen wir denn schreiben, wenn wir angesichts der Krise auch nicht schlauer sind als die Spitzenpolitiker und Finanzexperten?

Es wäre ein Novum, dass Journalisten von sich selbst glauben, nicht schlauer zu sein als die politische Führung.

Vorläufig bin ja nur ich derjenige, der das behauptet.

Aber es trifft durchaus zu, und das ist begrüßenswert. Ratlosigkeit ist natürlich ein großes Problem: Die politische Führung in Amerika ist zurzeit abwesend – die alte Regierung hat keine Autorität mehr, die neue gibt es noch nicht. In Euro-Land dagegen haben die zur gemeinsamen Währung gehörigen nationalen Regierungen und die Europäische Zentralbank am 12. Oktober ein gemeinsames Paket von wichtigen Schritten beschlossen, die jetzt erfolgen werden.

Sie handeln also durchaus effektiv!

Ja. Allerdings wird in der gegenwärtigen Situation leider deutlich, dass die Europäische Union mit 27 Mitgliedern noch ohne Führung ist. Für alle über die Bewältigung der jetzigen Notsituation hinausgehenden späteren Schritte wird man nicht nur die ganze EU brauchen, sondern vor allem die USA, China, Russland, Indien, Japan, die OPEC und so weiter. Die Weltwirtschaft braucht global geltende Regeln und Aufsicht für den Geld- und Kapitalverkehr, für alle Verkehrsteilnehmer und für alle von ihnen in Verkehr gebrachten Finanzinstrumente.

Sie glauben aber, dass Führung durchaus möglich wäre, auch in dieser katastrophalen Lage?

Zumindest die Führung derjenigen Länder, die sich zur Euro-Währung zusammengeschlossen haben, ist möglich, und sie funktioniert auch. Sie sollte international die Initiative ergreifen.

In Deutschland gibt es unfassbar hohe Spareinlagen. Wie erklären Sie sich, dass die Leute gerade jetzt, wo das Geld auch entwertet werden könnte, daran festhalten, statt es für wertvolle Dinge auszugeben?

Psychologisch durchaus verständlich; denn die Menschen brauchen ihre Spareinlagen ja für später. Ein heute neu gekauftes Auto kann man dann nicht essen.

Was ist Ihre größte Angst in diesen Tagen?

Ich habe keine Angst.

Und Ihre größte Sorge, wenn Sie auf die Wirtschaft blicken?

Jetzt kommen wir an die Grenze dessen, was man in einem kurzen Zigarettengespräch erörtern kann.

Fühlen Sie sich nicht in Ihrer Kritik an den Bankern bestätigt?

Ich teile die Menschheit in drei Kategorien ein: Zur ersten Kategorie gehören wir normalen Menschen, die irgendwann in ihrer Jugend mal Äpfel geklaut oder im Supermarkt einen Schokoriegel in die Tasche gesteckt, sonst aber nicht viel ausgefressen haben. Die zweite Kategorie von Menschen hat eine kleine kriminelle Ader. Und die dritte besteht aus Investmentbankern, bisher weitgehend legale Übeltäter.

23. Oktober 2008

Eine Viertelstunde James Bond

Bildung und Unterhaltung
im Fernsehen

Lieber Herr Schmidt, haben Sie mitbekommen, dass Marcel Reich-Ranicki den Deutschen Fernsehpreis abgelehnt hat?

Ja, habe ich. Wussten die vorher, dass er den Preis auf diese Weise ablehnen wollte?

Nein, im Gegenteil! Er sollte ja den Ehrenpreis für sein Lebenswerk erhalten, und man dachte, er würde sich geschmeichelt fühlen – und dann dieser Eklat.

Im Prinzip hat er das gut gemacht! (Lacht)

Wie ich Sie kenne, wären Sie an seiner Stelle zu keinem anderen Urteil gekommen.

Das weiß ich nicht. Ich weiß auch nicht, ob diese Preisverleihung anders war als die vorangegangenen. Ich weiß nur, dass das meiste, was auf unseren Fernsehschirmen geboten wird, so ist, dass ich es nach wenigen Minuten abschalte.

Würden Sie generell von einem Niveauverfall des Fernsehens sprechen?

Das würde ich nicht tun, denn Verfall setzte ja voraus, dass es vorher ein höheres Niveau gegeben hat. Es gibt zwar immer noch das Bildungsfernsehen, aber die Mehrheit der Fernsehkanäle liegt auf einem Niveau etwas unterhalb des Großteils der Boulevard-Zeitungen.

Glauben Sie wirklich, dass es sinnvoll wäre, die Zuschauer mit Bildungsfernsehen erziehen zu wollen?
Es kommt darauf an, wer man ist: Als Regierung sollte man mit Volkserziehung vorsichtig sein; als Fernseh-Chefredakteur oder Intendant hat man diese Aufgabe durchaus.

Von den öffentlich-rechtlichen Sendern kann man das vielleicht verlangen, denn sie bekommen Gebühren. Wer aber wie die Privaten auf Werbeeinnahmen angewiesen ist, der braucht auch massenhaft Zuschauer.
Richtig. Wie im alten Rom. Das Publikum, das sich zu Zehntausenden im Kolosseum versammelte, fand es unterhaltsam, wenn sich dort Leute gegenseitig umbrachten oder Menschen von Tieren zerfleischt wurden.

Dann gibt es doch so etwas wie einen zivilisatorischen Fortschritt: Ganz so schlimm wie im alten Rom sind selbst unsere schlimmsten Programme nicht.
Das ist wahr. Sie sind jedenfalls seichter.

Finden Sie es denn in Ordnung, das Fernsehprogramm zu kritisieren, wenn man es, wie Reich-Ranicki oder wie Sie, eigentlich gar nicht kennt?
Ich habe es nie öffentlich kritisiert. Als Kanzler habe

ich einmal empfohlen, an einem Tag in der Woche den Stecker rauszuziehen und nicht fernzusehen, sondern miteinander »Mensch ärgere Dich nicht« zu spielen oder Musik zu machen oder sich vorzulesen und sich über das Vorgelesene zu unterhalten. Das haben die Fernsehleute mir damals sehr übel genommen.

Haben Sie denn selbst nie das Bedürfnis, gelegentlich etwas Seichtes zu konsumieren?
Nein. Sie können es als seicht bezeichnen, wenn ich abends am Klavier sitze und vor mich hin fantasiere.

Können Sie sich an »Kuli« erinnern, der Sozialdemokrat war, an Hänschen Rosenthal oder Peter Frankenfeld?
An Frankenfeld ja, an Rosenthal schwach; Kulenkampff habe ich mir für ein paar Minuten angeschaut und dann wieder ausgeschaltet.

Haben Sie auch nie Trivialliteratur gelesen?
Nicht einmal zum Einschlafen.

Sie verblüffen mich immer wieder!
Wieso?

Weil es schier unglaublich klingt, dass jemand so konsequent ist.
Das ist keine Konsequenz, sondern eine Frage des Geschmacks – und der Zeitökonomie.

Haben Sie sich nicht einmal auf einem Langstreckenflug einen Spielfilm gegönnt – einen guten James Bond zum Beispiel?

Sicherlich nicht bis zum Ende – eine Viertelstunde vielleicht. Ansonsten habe ich auf Reisen immer Bücher oder Aufsätze dabei, die ich eigentlich schon seit Langem lesen wollte.

6. November 2008

»Auf der Universität habe ich nur wenig gelernt«

Über Bildung

Lieber Herr Schmidt, Sie haben mir mal erzählt, dass Sie ein relativ fauler Schüler gewesen seien. Dürfte man so etwas heute, in der Bildungsrepublik Deutschland, überhaupt noch sagen?

Sagen darf man das. Schüler dürfen auch faul sein, wenn sie ansonsten etwas leisten.

Nun stand der Leistungsgedanke an der Reformschule, die Sie selbst besucht haben, nicht so im Vordergrund. An Ihrer Lichtwarkschule waren drei Dinge wichtig: selbstständiges Arbeiten, Charakterbildung und Musik.

Und viertens der Sport, der damals Turnen hieß. Jeden Tag eine Stunde. Das hatte mit Wehrertüchtigung übrigens nichts zu tun.

Was war Ihr erster Eindruck von der Schule, als Sie dort hinkamen? Die Volksschule, auf der Sie vorher waren, war sicherlich noch wilhelminisch geprägt.

Und wie: In der Volksschule habe ich noch eine Sedanfeier erlebt, da wurde der Sieg von 1870 gefeiert!

Wurde da auch noch geschlagen?

Ja, mit dem Rohrstock und mit Lederhandschuhen links und rechts ins Gesicht.

Und an der neuen Schule?
Die Lichtwarkschule war ganz anders! Überraschend war, dass man auf Stühlen und an Tischen saß – und nicht auf Schulbänken. Und außerdem gab es in der Klasse auch Mädchen, das war etwas ganz Neues für mich. Ich hatte ja noch nie mit einem Mädchen zu tun gehabt. Eine Cousine gab es, die hatte ich aber nur einmal von Weitem gesehen. Bisher hatte ich auf der Straße und in der Schule immer nur mit Jungs gespielt.

Wie wirkten diese komischen Wesen auf Sie?
Ein bisschen anders. Ich habe mich schon im ersten Schuljahr auf der Lichtwarkschule mit Loki befreundet, da war ich zehn. Aber nicht, weil sie ein Mädchen war, sondern aus Gründen der Sympathie – ich weiß nicht, wie so etwas bei Kindern zustande kommt. Sie hatte etwas zu bieten, sie war intelligent und neugierig.

Loki hatte auch Eigenschaften, die Jungen haben können: Sie war burschikos und schlug sich oft.
Wahrscheinlich, ja.

Und wie war es, plötzlich auf Stühlen zu sitzen?
Ich hätte es damals nicht so sagen können, aber es war natürlich ein Erlebnis der Freiheit. Man war nicht in die Bank gezwungen, auf Drill wurde kein Wert gelegt.

Wie sind Sie mit dieser Freiheit zurechtgekommen?
Ich war vorlaut.

In welcher Phase Ihres Lebens haben Sie denn am meisten gelernt?

Ich habe eigentlich seit Kriegsende immer nur gelernt.

Ihre Schul- oder Studienzeit war also dafür gar nicht so entscheidend?

Nein, in keiner Weise. Während meiner Studienzeit habe ich auf der Universität nur wenig gelernt. Ich habe nach dem Krieg unendlich viele Bücher gelesen – neben dem Studium. Und ich habe gejobbt, wie man heute sagt: Meistens habe ich für Einzelhändler oder Tankstellenpächter die Steuererklärung gemacht.

Warum setzt sich ein Lichtwark-Schüler heute für eine möglichst kurze Studienzeit ein?

Das hat mit der Lichtwarkschule nichts zu tun, das ist eine Einsicht in die Notwendigkeiten, die sich aus der Überalterung der deutschen Gesellschaft ergeben. Um die höheren Rentenansprüche zu finanzieren, brauchen wir einen früheren Eintritt in die Berufstätigkeit.

Aber wenn die Menschen nicht einmal mehr während des Studiums Zeit haben, sich allgemeines Wissen anzueignen, wann sollen sie es dann schaffen?

Wenn jemand im Laufe seines Lebens dazu nicht die Wissbegierde und die Kraft aufbringt, kann man ihm nicht helfen. Das lernt er dann leider auch nicht durch lange Jahre auf der Universität.

13. November 2008

»Entschuldigung, Frau Schmidt«

Über Schach, Galanterie und
kleinbürgerliche Bescheidenheit

Lieber Herr Schmidt, fast Ihr ganzes Leben lang spielen Sie Schach ...
Stimmt.

Wie haben Sie das gelernt?
Als Sieben- oder Achtjähriger, von meinem Vater.

Konnten Sie Ihren Vater jemals besiegen?
Das weiß ich nicht mehr. Er hat jedenfalls mit meinem Bruder und mir gern zu Hause gespielt. Das hörte dann auf, als ich in die Oberschule kam. Für Schach hatte ich erst mal keine Zeit mehr.

Aber das Spiel hat Sie nicht mehr losgelassen?
Nein, es ist wirklich ein interessantes Spiel. Im Laufe des Lebens haben vor allem meine Frau und ich viel miteinander gespielt; wir tun das bis heute. Unsere letzte Partie war vorgestern Abend.

Wer hat gewonnen?
Meine Frau hat während ihrer Krankheit mindestens dreimal gewonnen – und ich nur zweimal.

In einem Film von Georg Stefan Troller sieht man,

wie Sie Loki schachmatt setzen. Darauf sagen Sie richtig galant: »Entschuldigung, Frau Schmidt.« Machen Sie das immer so?

Nein. (Lacht)

Der große Schachspieler Bobby Fischer hat einmal gesagt, er könne jeder Frau der Welt einen Springer vorgeben – und sie trotzdem besiegen. Spielen Männer besser Schach als Frauen?

Es scheint so zu sein, möglicherweise ist es aber auch nur der bloße Schein. Da Sie von Bobby Fischer sprechen, muss ich meinen hamburgischen Staatsrat und späteren Bonner Staatssekretär Hans Birckholtz erwähnen. Er war von Fischer fasziniert und auch selbst ein guter Spieler. Gegen den habe ich immer verloren – so wie heute gegen Peer Steinbrück.

Steinbrück bestreitet diese Darstellung. Er sagt, einmal hätten Sie gewonnen.

Ich glaube, in dieser Frage hat Steinbrück ausnahmsweise unrecht.

Spielen Sie am liebsten zu Hause?

Ja, fast immer. Ich habe zu Hause und am Brahmsee gelegentlich auch mit Politikern eine Partie bestritten.

Bei Ihnen waren schon die mächtigsten Männer der Welt. Warum haben Sie Präsidenten und Aristokraten so gerne privat empfangen?

Weil sich Menschen in einer privaten Atmosphäre viel leichter dem Gegenüber aufschließen, als wenn man sich in einem Sitzungssaal mit vielen Diplomaten auf beiden Seiten des Tisches trifft, die sorgfältig jedes gesprochene Wort notieren. Außerdem hat es mir bei einigen Gästen, zum Beispiel bei Breschnew, Giscard d'Estaing oder dem amerikanischen Präsidenten Gerald Ford, auch Spaß gemacht, die kleinbürgerliche Bescheidenheit meiner Wohnverhältnisse zu präsentieren.

Wenn man einen etwas hochnäsig wirkenden Adeligen wie Giscard d'Estaing oder König Juan Carlos nach Langenhorn einlädt, ist man da nicht auch ein wenig verlegen, weil die doch in Palästen leben und nicht in Bungalows?

Überhaupt nicht – im Gegenteil! Ich fühlte einen gewissen Stolz, ihnen zu zeigen, dass man auch mit sehr viel weniger Aufwand leben kann.

Gibt es eine Schachpartie, an die Sie sich besonders gern erinnern?

Nein, aber ich erinnere mich an ein Schachspiel, das ich sehr lieb gewonnen habe. Das habe ich mir in der Kriegsgefangenschaft selbst aus Holz mit einem Messer geschnitzt. Es hatte vielleicht eine Größe von 15 mal 15 Zentimetern, die schwarzen Felder waren mit Ersatzkaffee gefärbt. In jedem Feld war ein Loch; da konnte man die kleinen Holzfiguren hineinstecken. Dieses Spiel habe ich mit nach Hause gebracht, es steht heute noch irgendwo in einem Schrank.

20. November 2008

»Das meiste ist doch sehr lustig!«

Über Schmähbriefe

Lieber Herr Schmidt, heute ...

... Moment, ich habe etwas mitgebracht. Sie hatten mich mal nach den Schmähbriefen gefragt, die bei mir angekommen sind. Ich habe ein paar rausgesucht.

Sehr schön! Wollen Sie daraus vorlesen?

Hier zum Beispiel: »Sie haben den Mut oder die Frechheit, in der *ZEIT* anderen Regierungen Belehrungen zu erteilen.« Der nächste Satz lautet: »Du bist und bleibst der halb gebildete Dorfmagister.« (lacht)

Der Schrift nach ist der Absender 103 Jahre alt.

Nein, das glaube ich nicht. Mal sehen: Der steht da mit voller Adresse. Hier schreibt mir ein anderer Autor: »Große Schnauze, aber zu dumm, seine Lichtrechnung zu lesen!« (lacht) Und da schreibt einer an meine Frau: »Ihr Mann – ein Oberprolet und politischer Strauchdieb.« Ist doch hübsch. Und hier verlangt ein Mann die »sofortige Suspendierung ohne Pension und Einleitung eines Strafverfahrens wegen Betruges am Volke«. Ist auch schön! Inzwischen habe ich festgestellt, dass im Archiv der Ebert-Stiftung in Bonn dreizehn Ordner mit solchen Schimpfbriefen stehen.

Bekommen Sie diese Briefe denn normalerweise zu Gesicht?

Die werden in der Regel aussortiert, die Masse davon habe ich nie gesehen. Schimpfbriefe werden ignoriert. Aber alle anderen, die im Ton anständig sind, bekommen eine Antwort. Auch wenn mich der Absender zum Versager erklärt.

Man darf Sie »Versager« schimpfen?
Solange es keine Verbalinjurien sind, kann man mich in Grund und Boden kritisieren. Das meiste ist doch sehr lustig! Zum Beispiel die naive Empörung über diesen »Schweinehund« Schmidt.

Glauben Sie, dass in Schmähungen auch immer ein Fünkchen Wahrheit enthalten ist?
Ja, da ist oft ein Fünkchen Wahres drin. Es ist übrigens sehr interessant zu sehen, dass manche Leute anonym schreiben und andere auf einem gedruckten Briefbogen, mit ihrer Adresse und ihrem Beruf als Mechanikermeister oder selbstständiger Unternehmer. Wir haben auch schon Briefe bekommen, in denen tatsächlich Exkremente waren.

Haben Sie je gegen einen Briefeschreiber geklagt?
Das habe ich niemals getan.

Können Sie sich an die Schmähung eines politischen Gegners erinnern, die Ihnen wehgetan hat?
Wehgetan eigentlich nicht, weil ich ja im Bundestag immer Gelegenheit hatte zurückzuschlagen.

Fanden Sie es denn in Ordnung, dass die _ZEIT_ den Kanzler Helmut Kohl mit einer Kolumne namens »Birne« bedachte?

Das habe ich vergessen. »Birne« ist zweifellos herabsetzend gemeint, ich habe den Ausdruck nie benutzt.

Ich kann mich heute noch aufregen über die Schmähung Willy Brandts als »Herbert Frahm«. Sie zielte auf seine Herkunft als uneheliches Kind.
Ja, das geht leider auf den großen Konrad Adenauer zurück.

Wissen Sie, ob Brandt das verletzt hat?
Ich habe mit ihm nicht darüber geredet, aber es war für mich völlig klar, dass ihn das verletzen sollte – und auch verletzt hat.

Was für eine unglaubliche Sauerei!
Politik ist eben auch ein Wettkampf um die Gunst des Volkes, und in diesem Wettkampf sind Verstöße gegen Anstand und Fairness ziemlich häufig. Das ist vielleicht sogar entfernt vergleichbar mit einem Krieg zwischen Staaten. Jeder Krieg führt zu Brutalisierung auf beiden Seiten. Der Meinungskampf in einer Demokratie führt zwar nicht notwendigerweise zu Brutalisierung, aber doch zu einer Vielzahl von Regelverletzungen. Anders als beim Fußball gibt es keinen Schiedsrichter, der einen Strafstoß verhängt.

Das kann nur der Wähler?
Das kann nur der Wähler – wenn er denn das Foul begreift.

27. November 2008

Mit Tempo 104 nach Bonn

Übers Autofahren

Lieber Herr Schmidt, können Sie sich noch an Ihr erstes Auto erinnern?

Ja, es war ein alter VW Käfer mit durchgerostetem Bodenblech. Wenn man bei Regenwetter durch eine Pfütze fuhr, schoss ein Wasserstrahl durch ein Loch genau auf den Bauch und ins Gesicht des Fahrers. Der Käfer war wohl 1935 oder 1936 gebaut worden, und ich habe ihn 1953 für meinen ersten Wahlkampf zum Bundestag für ein paar Hundert Mark gekauft.

Als Sie dann Bundestagsabgeordneter wurden, haben Sie in Bonn gearbeitet und in Hamburg gewohnt. Sind Sie mit dem Auto gependelt?

Ja, mit meinem zweiten Wagen, den ich mir ein paar Monate später gekauft habe. Das war ein gebrauchter Mercedes Diesel.

So ein schöner runder?

Ja, mit einem Ersatzreifen hinten am Heck angeschraubt. Der Wagen kostete damals 5000 Mark, und die hatte ich nicht. Also bin ich zu dem mir gut bekannten Chef der Norddeutschen Bank, Karl Klasen, gegangen, der sehr viel später Vorstandssprecher der Deutschen Bank und Präsident der Bundesbank wurde. Ich sagte: Herr Klasen, ich muss mir ein Auto kaufen, habe das Geld aber nicht. Der Wagen kostet 5000 Mark, können Sie mir einen Personalkredit über die Summe geben? Da hat er mich mit seinen blauen Augen angeguckt und gesagt: Ja, das machen wir. Jetzt musste ich aber den Kredit abstottern, und dafür brauchte ich das Kilometergeld, das Parlamentarier für die Fahrt zum Arbeitsplatz bekamen. Deshalb bin ich immer zwischen Hamburg und Bonn gependelt. Das war eine ganz schöne Anstrengung, die Autobahn gab es noch nicht.

Waren Sie der erste Schmidt, der ein Auto besaß?
Aus meiner Familie, ja.

Hat Sie das auch ein bisschen stolz gemacht?
Nein. Ich muss noch erwähnen, dass dieser Mercedes Diesel dem Prospekt nach maximal 100 Kilometer in der Stunde fuhr, tatsächlich fuhr er aber 104!

Sie haben also Vollgas gegeben?
Ja. Man musste natürlich per Hand schalten. Und vorher vorglühen, weil es ein Diesel war.

1966 sind Sie mit dem eigenen Auto bis in die Sowjetunion gefahren. Loki war dabei und auch Ihr Mitarbeiter Wolfgang Schulz.
Und meine Tochter! Wir waren zu viert, ich bin gefahren. Inzwischen hatte ich einen Opel Rekord gekauft.

Was hat Sie in Richtung Russland aufbrechen lassen?
Ich war damals überzeugt von der Notwendigkeit einer Verständigung mit den östlichen Nachbarn Deutschlands, besonders mit der Sowjetunion. Aus

eigenem Antrieb habe ich versucht, mit kommunistischen Regierungs- und Führungspersonen in Prag, Warschau und Moskau persönliche Verbindungen herzustellen. Ich bin über Nürnberg, Prag, Breslau, Warschau, Minsk, Moskau und Leningrad bis nach Finnland gefahren. Wir waren drei Wochen unterwegs.

War es nicht eine Tortur, diese langen Strecken zu fahren?

Nein, eher war die Primitivität der Hotels eine Tortur. Ich habe auf der Reise drei Lokusse repariert.

Wer fährt denn besser Auto, Loki oder Sie?

Sie wahrscheinlich sicherer, ich wahrscheinlich schneller. Inzwischen fahren wir beide nicht mehr.

Heute geht es der Autoindustrie ja schlecht. Befürworten Sie eigentlich Bürgschaften für Opel und andere Autobauer?

Ich bin sehr zögerlich. Wenn in einer amerikanischen Stadt wie Detroit die Automobil- und auch die Zubringerindustrie konzentriert sind, dann habe ich dafür Verständnis. Andererseits bin ich dem Gedanken gegenüber sehr zurückhaltend, einzelnen Branchen besonders zu helfen. Heute ist es die Automobilindustrie, morgen sind es möglicherweise die Hersteller von Fernsehgeräten. Wo soll das aufhören? Es ist doch die gesamte Wirtschaft, welche die Rezession überwinden muss!

4. Dezember 2008

Eine rote Rose von Loki

Über den 90. Geburtstag

Lieber Herr Schmidt, man muss Sie nicht sehr gut kennen, um zu merken, dass Ihnen die Lawine der Anfragen und Würdigungen vor Ihrem 90. Geburtstag unheimlich ist.

Auf meine Frau und mich kommt keine Lawine zu – wir haben alle großen Feste abgesagt, ob in Hamburg oder in Berlin. Es wird so sein wie schon seit vielen Jahren: An meinem Geburtstag kommen drei Freunde und die zugehörigen Ehefrauen. Das ist alles.

Sie meinen nur den eigentlichen Geburtstag, den 23. Dezember. Die offiziellen Feiern kommen danach.

Ja.

Haben Sie es früher als Kind nicht als ungerecht empfunden, einen Tag vor Weihnachten Geburtstag zu haben?

Nein. Aber meine Eltern und die Großfamilie fanden es falsch, und deswegen wurde mein Geburtstag gemeinsam mit dem meines Bruders Wolfgang im Juni gefeiert. In der Praxis sah das so aus, dass ich zweimal etwas geschenkt bekam.

Können Sie sich an ein besonders schönes Geschenk erinnern, das Sie als Kind bekommen haben?

Nein.

Gab es überhaupt welche?

Kleine Geschenke, ja. Für größere reichte das Geld nicht.

Dieses Jahr feiern Sie ja nun einen ungewöhnlichen Geburtstag. Gibt es etwas, worauf Sie sich wenigstens ein bisschen freuen?

Nein.

Auch nicht über die enorme mediale Würdigung und Aufmerksamkeit, die Sie erfahren?

Das ist zugleich eine Last. Die Medien wollen Interviews, und mir wäre es eigentlich lieber, zufriedengelassen zu werden. Es ist mir jetzt schon zu viel.

Aber Sie waren gerade bei Beckmann in der ARD, warum reden Sie besonders gern mit Beckmann?

Das hat sich so ergeben, es hat keine besonderen Gründe.

Freut es Sie auch nicht, dass Sie mit *Außer Dienst* seit einiger Zeit auf Platz eins der *Spiegel*-Bestsellerliste stehen?

Dagegen habe ich nichts. Aber gefreut hat mich, dass zugleich Loki Schmidt draufsteht.

Haben Sie Ihr Buch mit Bedacht zu Ihrem 90. Geburtstag geschrieben?

Nein, das hat sich zufällig so ergeben. Ursprünglich sollte das Buch schon ein Jahr früher herauskommen, aber es war noch nicht fertig.

Als Autor kann man doch eigentlich nicht viel mehr erreichen.
Man kann viel mehr erreichen!

Was denn?
Zum Beispiel einen Nobelpreis. (lacht)

Hätten Sie den gern bekommen?
Nein, es gibt keinen Grund, mir irgendeinen Preis zu verleihen.

Wünschen Sie sich überhaupt etwas zum Geburtstag?
Ja, zufriedengelassen zu werden.

Dieser Wunsch wird ja nicht in Erfüllung gehen.
Vielleicht zu eurer Überraschung doch!

Wissen Sie, was Loki Ihnen schenken wird?
Ich nehme an, eine rote Rose.

Ist das Tradition bei Ihnen?
Ja.

Und was bekommt sie von Ihnen?
So etwas Ähnliches. (lacht)

Es gibt bestimmt viele Menschen, die Ihnen etwas schenken möchten. Würden Sie das lieber in eine Spende umgeleitet wissen, zum Beispiel für Ihre Stiftung?

Das wäre in Ordnung.

Darf man Ihnen Gesundheit wünschen?

Ja sicher, wenngleich in diesem Alter eigentlich niemand mehr gesund sein kann. Wir wollen so sagen: Wünschenswert ist Schmerzfreiheit.

11. Dezember 2008

»Die einzige Oase im Dritten Reich«

Erfahrungen unter Künstlern

Lieber Herr Schmidt, schon lange wollte ich Sie nach Ihren Erinnerungen an die Künstlerkolonie in Fischerhude bei Bremen fragen. Sie waren dort als Jugendlicher und junger Soldat häufig zu Gast. Hatten Sie damals einen kleinen Hang zur Boheme?

Nein. Als ich mit meinem Bruder 1934 auf einer großen Radtour von Hamburg bis in den Rheingau war, machten wir Station bei einem Freund von Onkel Heinz in Fischerhude. So kamen wir in Kontakt mit den Malern; Fischerhude war ein später Ableger von Worpswede. Clara Rilke-Westhoff, die Witwe von Rainer Maria, lebte dort, Otto Modersohn und andere. Dort herrschte eine Atmosphäre, die ganz anders war als im »Dritten Reich«.

Sie haben das ganz bewusst so wahrgenommen?

Ja. Vor dem Krieg, von 1937 bis 1939, war ich Wehrpflichtsoldat und fuhr am Wochenende gern mit der Bahn von Vegesack nach Sagehorn; von dort nach Fischerhude musste ich sechs Kilometer durch wunderschöne Natur gehen und mehr als zwanzig Brücken überqueren. Keine Berge, keine Hügel, nur flaches Land, kleine Flüsse und ein riesenhafter Himmel. Unter den Malern gab es keine Nazis. Ich traf dort Musiker, Autoren und Maler, auch aus Frankreich und Holland. Für mich war das die einzige Oase im »Dritten Reich«.

War Fischerhude eine Art Künstler-WG?

Nein, jeder hatte sein eigenes kleines Häuschen. Die meisten lebten ärmlich. Man besuchte sich häufig, saß auch mal in der Kneipe zusammen und machte viel Musik, zum Beispiel im Hause von Clara Westhoff. Und es gab diese sehr freien Diskussionen!

Hier die Künstler, da der Soldat Helmut Schmidt, der doch ordentlich nationalistisch eingestellt war – gab es da keine Spannungen?

Ich war kein Nationalist, und Spannungen gab es nicht. Die Künstler kannten mich doch schon als 15-jährigen Jungen. Für mich waren die Besuche eine Erholung.

Sie fühlten sich vor allem zu der Tänzerin und Malerin Olga Bontjes van Beek hingezogen. Was fanden Sie an ihr so faszinierend?

So genau weiß ich das nicht mehr. Sie war eine liebenswerte Frau, die drei Kinder hatte. Ihr Sohn Tim war Pianist. Mietje, eine Tochter, ist Malerin geworden. Die ältere Tochter, Cato, ist in Berlin-Plötzensee hingerichtet worden.

Sie gehörte, glaube ich, der Roten Kapelle an. Sie hatte enge Verbindungen zum Widerstand. Beide Schwestern haben Flugblätter verteilt. Die Gestapo

hat beide gegriffen, und Cato hat ihr Leben verloren. Das beschäftigt Sie heute noch?

Ich hatte Cato während des Krieges gewarnt, dass das, was sie machte, zu gefährlich sei. Aber ich war nicht energisch genug, das habe ich mir später vorgehalten. Einmal lud sie mich zu einer großen Fete in eine Altberliner Wohnung am Kaiserdamm ein. Es waren wohl an die 40 Leute da, und es wurde ungeheuer abfällig, sogar hasserfüllt über die Nazis geredet. Dabei kannte mich da außer Cato keiner – ich hätte doch auch ein Agent der Gestapo sein können!

Stimmt es, dass Sie einst das Schild »Bundeskanzler« von Ihrer Tür im Bonner Kanzleramt entfernen und dafür den Hinweis »Nolde-Zimmer« anbringen ließen?

Das stimmt.

Das ist ja richtig subversiv!

Ich habe mit bescheidenen Mitteln dafür gesorgt, dass der schmucklose Zweckbau des Kanzleramtes mit Kunst gefüllt wurde. Die von den Nazis so genannten »entarteten« Maler und Bildhauer sollten zu Ehren kommen.

Sie hatten in Ihrem Arbeitszimmer auch ein sehr schönes Meerbild von Nolde.

Das war eine Leihgabe der Nolde-Stiftung.

Ihr Nachfolger hat es dann abhängen lassen.

Ja. Später hat es bei Richard von Weizsäcker im Präsidialamt gehangen, er hat es mir eines Tages lächelnd gezeigt. Weizsäcker hat also einen ähnlichen Kunstgeschmack wie ich. (Lacht)

17. Dezember 2008

»Einen Baum
haben wir nicht mehr«

Über Weihnachten

Lieber Herr Schmidt, wie feiern Sie eigentlich Weihnachten?

Zu zweit.

Gehen Sie mit Loki in die Kirche?

Das haben wir früher getan, vor allem wegen der Musik. Und wegen der Musik können wir es heute nicht mehr; das machen meine Ohren nicht mehr mit.

Ich habe einen Vortrag gefunden, den Sie 1997 in der Hamburger Katharinenkirche gehalten haben. Darin sagen Sie: »Ich brauche das Vaterunser, die Zehn Gebote, die Kirchenmusik und den Choral.« Besinnen Sie sich zu Weihnachten wirklich auf das Christentum?

Nicht nur zu Weihnachten, aber das Fest ist ein Anlass. Ich erinnere mich an einen sehr schönen Weihnachtsspaziergang mit Loki. Wir waren jung verheiratet, es war Krieg, und ich hatte Heimaturlaub. Wir gingen von der Wohnung meiner Eltern in Eilbek zu Fuß rüber nach Barmbek, wo wir unsere Wohnung hatten. Als wir den Kanal überquerten, ertönten von der Eilbeker Kirche drei Trompeten. Sie bliesen »Vom Himmel hoch, da komm ich her«. Das hat mich sehr

269

bewegt. Es ist immer noch in meinem Gedächtnis. (Schweigt lange)

Wie sah denn in Ihrer Jugend ein typisches Weihnachtsfest bei armen Leuten aus?

Meine Großeltern väterlicherseits waren sehr arm. Sie hatten einen kleinen Weihnachtsbaum mit Lichtern, und am Heiligen Abend gab es ein außergewöhnlich gutes Essen. Mein Großvater arbeitete im Hafen, meistens am Sandtorkai – da, wo jetzt die Hafencity gebaut wird. Beim Verladen der Waren ging immer mal etwas zu Bruch, offiziell aus Versehen, und dann konnte jeder von den Arbeitern einen Zampelbütel voll Apfelsinen, Bananen oder Sardinen-Büchsen mit nach Hause bringen. Zu Weihnachten gingen besonders viele Kisten kaputt.

Nehmen Sie an, dass die Chefs das wussten?

Ich glaube, das wurde geduldet, das war sozusagen Deputat. Zu Hause wurde dann alles auf dem Abendbrottisch aufgebaut, und Opa sagte: »Eet ji datt man allns op; betolen mööt ji datt doch!« Das müsst ihr alles aufessen; bezahlen müsst ihr es sowieso!

Gibt es heute im Hause Schmidt noch einen Weihnachtsbaum?

Nein. Aber es gibt Kerzen.

Kommt Ihre Tochter zu Weihnachten rüber?

Zu meinem Geburtstag kommt sie rüber, an Weihnachten muss sie zurück nach England.

270

Haben Sie jemals Pakete in die DDR geschickt, wie es zu Weihnachten in vielen Familien üblich war?

Daran erinnere ich mich nicht. Ich weiß wohl, dass wir Pakete nach Polen geschickt haben. Aber in der DDR hatten wir keine Freunde mehr. Die letzten waren 1962 nach Hamburg gekommen. Übrigens auf abenteuerlichem Wege – mit einem Visum für Schweden, das wir hier in Hamburg gefälscht hatten. Das war sicherlich nicht rechtens, aber moralisch in Ordnung.

Um bei der weihnachtlichen Milde zu bleiben: Gibt es in diesem Jahr Menschen, von denen Sie sagen würden, sie haben zu viel Prügel abbekommen?

Da fällt mir der frühere Chef von Siemens ein, Heinrich von Pierer. Übrigens gilt das wahrscheinlich auch für seinen unmittelbaren Nachfolger Kleinfeld. Die sind ein bisschen sehr schlecht behandelt worden.

Kleinfeld verstehe ich gut, aber warum von Pierer?

Er hat sicherlich eine Mitverantwortung für das, was sein Vorstand insgesamt getan und gelassen hat, aber er hat eben auch ganz große Verdienste. Ohne von Pierer wäre Siemens nicht zu dieser Weltfirma aufgestiegen, die es inzwischen ist.

Wenn Sie heute in der Verlegenheit wären, eine Weihnachtsansprache halten zu müssen, was würden Sie den Deutschen wünschen?

Ich würde ihnen Selbstvertrauen wünschen. Und, bitte sehr: die Abwesenheit von Angst.

23. Dezember 2008

»Je älter man wird, desto weniger Angst muss man haben«

Über Liebe, Leben und Tod

Lieber Herr Schmidt, jetzt haben wir schon mehr als anderthalb Jahre unsere Gespräche geführt, und doch gibt es Fragen, die zu stellen ich mich bislang nicht getraut habe. Vielleicht, weil sie Ihnen zu persönlich vorkommen könnten.

Was meinen Sie damit?

Was würden Sie zum Beispiel einem Enkel sagen, der Sie fragt, was wirklich wichtig ist im Leben?

Ich würde ihm antworten: Das kommt darauf an, was für ein Mensch du bist. Je nachdem, wie dein Leben verlaufen wird, wirst du später, wenn du auf eine bestimmte Strecke zurückblickst, etwas anderes für wichtig halten als heute. Mein Leben zum Beispiel war von Politik und Publizistik bestimmt. Das Wichtigste war für mich deshalb das Bewusstsein, meiner Verantwortung gerecht geworden zu sein und meine Pflichten einigermaßen anständig erfüllt zu haben.

Welche waren das?

Ganz allgemein die Pflicht, der salus publica, dem öffentlichen Wohl zu dienen. Das Problem ist weniger, abstrakt seine Pflicht zu erfüllen. Viel schwieriger ist es, in einer konkreten Situation, unter bestimmten

Umständen zu erkennen: Was ist hier und heute meine Pflicht?

Vielleicht würde Sie das Enkelkind dann fragen: Aber ist es nicht viel wichtiger, dass ich glücklich bin, dass ich liebe und geliebt werde, als meine Pflicht zu erfüllen?
Die Pflichterfüllung schließt die Mitmenschlichkeit ein. Sich anderen Menschen gegenüber menschlich zu verhalten, ist eine Pflicht. Mitmenschlichkeit, humanitas, ist eine der grundlegenden Verantwortlichkeiten jedes einzelnen Menschen.

Ist ein Leben erfüllt ohne die Erfahrung von Liebe?
Wenn jemand nie in seinem Leben Liebe erlebt hat, nie geliebt worden ist und nie selber geliebt hat, dann fehlt ihm ein Element, das für die allermeisten Menschen eine ganz große Bedeutung hat. Das heißt aber noch nicht, dass der, dem dieses Element fehlt, ein armer Wicht ist.

Haben Sie genug Liebe erfahren in Ihrem Leben?
Ich beklage mich nicht.

Hätten Sie mehr lieben können?
Das ist mir tatsächlich zu persönlich. (Lacht leise)

Sie haben aber sicher das ganz große Glück erfahren, ein erfülltes Leben gelebt zu haben.
Mag so sein.

Sind Sie dafür dankbar?

Dankbar bin ich insbesondere vielen Menschen für ihre Freundschaft, ihre Zuverlässigkeit. Aber Dankbarkeit gegenüber dem Schicksal oder Gott, das ist eine andere Kategorie, die mir relativ fern ist.

Ich habe in Ihrem Buch »Außer Dienst« gelesen, dass ein Pastor Ihnen im Krieg einen Zugang zum Christentum eröffnet hat. Sie saßen damals in Russland fest, weil die Fahrzeuge im Schlamm stecken geblieben waren, und er sagte zu Ihnen: »Vergessen Sie nicht, es geschieht nichts ohne Gottes Willen.« Das haben Sie als Trost empfunden.

Der damalige Trost hat nicht sehr lange vorgehalten.

Da kam also dann schnell der Agnostiker Helmut Schmidt wieder zum Vorschein?

Nicht der Agnostiker. Wenn man den Satz »Es geschieht nichts, was Gott nicht will« ernst nimmt, dann muss man Gott Auschwitz zurechnen, dann muss man ihm alle Kriege der Welt zurechnen und jeden Tyrannen als Ausdruck göttlichen Willens begreifen. Deswegen halte ich diesen Satz für höchst fragwürdig.

Achten Sie darauf, wie Ihr Bild später in der Geschichte sein wird?

Nein, dergleichen muss man der Nachwelt überlassen. Deshalb habe ich auch keine Autobiografie geschrieben.

Aber Sie haben doch gewisse Vorkehrungen getroffen: Sie haben ein Helmut-Schmidt-Archiv gegrün-

det, Sie haben feste Vorstellungen, was aus Ihrem Haus werden soll. Hat das nichts mit dem Wunsch zu tun, das Bild zu prägen, das von Ihnen bleiben soll?

Nein, es hat mit einer amerikanischen Erfahrung zu tun. Ich habe in Amerika erlebt, wie dortige Präsidenten ihre schriftliche Hinterlassenschaft geordnet der Nachwelt übergeben haben – allerdings nicht so sehr, weil sie auf diese Weise ihr Bild und ihre Rolle in der Geschichte beeinflussen wollten. Sie gingen vielmehr zu Recht davon aus, dass das, was sich da angesammelt hatte, für spätere Historiker oder Literaten interessant sein könnte.

Fast jeder Mensch, der im Leben auf seinem Gebiet etwas Außergewöhnliches leistet, tut das auch aus einer Erfahrung von Ohnmacht oder Demütigung heraus oder aus der Erfahrung von zu wenig Anerkennung.

Das glaube ich nicht. Nehmen Sie Männer wie Mozart, Schiller oder Luther, wie El Greco oder Michelangelo. Die waren ganz ohne solche Erfahrungen groß.

Sie haben selbst einmal über sich gesagt, dass Anerkennung Ihnen immer viel wichtiger gewesen sei als alles andere.

Das habe ich wohl gesagt, als mich jemand zu meinem Ehrgeiz befragen wollte. Da habe ich wahrscheinlich geantwortet, dass mich nicht der Ehrgeiz nach Ämtern, sondern das Streben nach Anerkennung angetrieben hat. Ich würde das für eine allgemein menschliche Eigenschaft halten. Ohne Anerkennung durch seine Zeitgenossen geht auch ein Schriftsteller oder ein Maler ein. Nehmen Sie van Gogh als Beispiel. Auch ein Mann wie mein Großvater mütterlicherseits, der Schriftsetzer und Drucker war, brauchte die Anerkennung durch seine berufliche Umwelt und durch die Menschen, die neben ihm in Hamburg wohnten und lebten. Und er brauchte die Anerkennung durch seine Familie.

Von Ihrem Vater haben Sie einmal gesagt, dass er sich mehr um seinen beruflichen Aufstieg als um Sie und Ihren Bruder gekümmert habe. Hat er mitbekommen, was aus Ihnen geworden ist?

Relativ wenig. Er musste während der Nazizeit viele Ängste durchstehen. Als die Nazis endlich weg waren und eine katastrophale Situation zurückgelassen hatten, war seine Energie weitgehend verbraucht. Da war er noch keine 60 Jahre alt.

Hat er Ihre Kanzlerschaft noch miterlebt?

Gerade eben noch.

War er da nicht stolz auf Sie?

Das weiß ich nicht. Er war, genau wie ich, niemand, der seine Gefühle nach außen getragen hat.

Loki sagt, in Ihnen sei ganz viel Gefühl. Sie verbergen es nur verdammt gut.

Das mag so sein. Und es kann sein, dass das auch für meinen Vater gegolten hat.

Immer wieder haben Sie in den letzten Jahren gesagt, Sie hätten keine Angst.

Nee, habe ich auch nicht.

Um diese Seelenlage beneiden Sie Millionen Menschen!

Das weiß ich nicht. Je älter man wird, desto weniger Angst muss man haben, denke ich. Am meisten Angst hatte ich in der Nazizeit und im Krieg.

Hat man nicht Angst vor Siechtum, Krankheit, Tod?

Das sind sehr unerfreuliche Lebensschicksale, die Sie da nennen. Aber was ändert man, wenn man ihnen mit Angst entgegensieht? Es wird eher schlimmer.

Können Sie mit Matthias Claudius etwas anfangen?

Ja. Er war ein begnadeter Naiver, gleichzeitig ein Romantiker. Was mich während des Krieges sehr berührt hat, ist sein Quasi-Vermächtnis an seinen Sohn, besonders aber sein Abendlied. Das hat mich eigentlich das ganze Leben begleitet. Da heißt es zum Schluss: *So legt Euch denn, ihr Brüder, / In Gottes Namen nieder; / Kalt ist der Abendhauch. / Verschon uns, Gott! mit Strafen, / Und lass uns ruhig schlafen! / Und unser'n kranken Nachbar auch!* Sie haben mich nach der Liebe gefragt: Hier ist sie.

Erstmals in der gebundenen Originalausgabe dieses Buches veröffentlicht

Pflichterfüllung und innere Gelassenheit

Über Mark Aurel

Lieber Herr Schmidt, noch nie haben wir über den römischen Kaiser Mark Aurel gesprochen, obwohl er vielleicht Ihre Lieblingsgestalt in der Geschichte ist.

Mark Aurel begleitet mich jetzt schon seit 75 Jahren. Als ich 15 war und konfirmiert wurde, hat mir ein Onkel die »Selbstbetrachtungen« in deutscher Sprache geschenkt. Es war ein ungewöhnliches Geschenk, das mich bald fasziniert hat. In dem Büchlein habe ich im Laufe des Lebens immer und immer wieder gelesen.

Was hat Sie so fasziniert?

Die stetige Ermahnung, seine Pflicht zu erfüllen, kombiniert mit der Ermahnung zur inneren Gelassenheit. Offenbar war Mark Aurel von Natur aus nicht unbedingt ein gelassener Mensch, aber er hat sich immer wieder zur Gelassenheit ermahnt.

Es heißt, Sie hätten Ihren Mark Aurel auch im Krieg bei sich getragen.

Das ist richtig. Ich trug das Buch in einer Packtasche, in der auch ein Heft von Matthias Claudius steckte, eine Art Vermächtnis an seinen Sohn.

In Ihrem Buch »Weggefährten« schreiben Sie durchaus selbstkritisch, dass Mark Aurel Sie zwar die Tugenden der Pflichterfüllung und der inneren Gelassenheit gelehrt habe, Sie aber erst nach der Nazizeit begriffen hätten, was er Sie nicht gelehrt hatte – nämlich selbst zu erkennen, was Ihre Pflicht war.

Ja, das ist das gleiche Problem wie bei Immanuel Kant und seinem kategorischen Imperativ. Er sagt, du sollst nur nach derjenigen Maxime handeln, von der du zugleich wollen kannst, dass sie ein allgemeines Gesetz werde. Wenn man aber in einer konkreten Situation eine Entscheidung treffen und rasch handeln muss, ist das eine ziemlich harte Nuss!

Was wäre denn in der Nazizeit Ihre Pflicht gewesen?

Ich habe es für meine Pflicht gehalten, durchzuhalten – und natürlich wollte ich am Leben bleiben – und gleichzeitig als Soldat das zu tun, was mir aufgetragen war. Es war eine paradoxe Situation: Nachts war man sich darüber im Klaren, dass Hitler ein Verrückter war, dass der Krieg verloren gehen und dass Deutschland sich bei Kriegsende in schrecklichen Umständen wiederfinden würde. Tagsüber hat man dann wieder Hitlers Befehle befolgt. Schizophren!

Nun war Mark Aurel selbst ein Mann voller Widersprüche: Er hat, obwohl er kein Christenhasser war, die blutige Verfolgung der Christen fortgesetzt. Und er hat seinen offensichtlich unfähigen Sohn Commodus zum Nachfolger bestimmt, der sich dann zu einer Art Idi Amin der Antike entwickelte.

Mit der Vita von Mark Aurel habe ich mich nicht beschäftigt. Die kann ich nicht beurteilen. Aber es wundert mich, was Sie sagen.

Finden Sie denn, dass Gedanken, Worte und Taten eines Menschen übereinstimmen müssen?
Es muss Übereinstimmung geben zwischen dem, was ein Mensch in seinen Gedanken für geboten und richtig hält, und dem, was er tatsächlich tut.

Das ist die Glaubwürdigkeit, nach der wir uns alle so sehnen.
Daraus kann Glaubwürdigkeit erwachsen.

Von Mark Aurel stammt der Satz: »Tue nichts widerwillig, nichts ohne Rücksicht aufs allgemeine Beste, nichts übereilt, nichts im Getriebe der Leidenschaft.« Spricht da nicht auch Helmut Schmidt?
Ja, das ist richtig.

Und zum Nachruhm von Männern wie Scipio oder Cato merkt Mark Aurel an: »Alles vergeht und wird bald zum Märchen und sinkt rasch in völlige Vergessenheit.« Stimmt das denn?
Nein, da hat er unrecht. Cato ist bisher nicht in Vergessenheit geraten, Scipio auch nicht. Was mich selbst angeht, so würde ich etwas abgeschwächt sagen: Das, was die Nachwelt vermutlich über dich denken, sagen oder schreiben wird, darf das, was du heute zu tun hast, nicht beeinflussen.

31. Dezember 2008

Zu viel Gedöns

Über den Rummel zum 90. Geburtstag

Lieber Herr Schmidt, Sie haben es geschafft: Endlich sind Sie 90 geworden! Dieser Geburtstag war, wenn ich Sie richtig deute, für Sie nicht die reine Freude.

Das ist richtig. Mir wäre es lieber gewesen, wenn sich etwas weniger publizistische Aufmerksamkeit darauf gerichtet hätte. Insgesamt war es mir zu viel Gedöns.

Gab es auch Situationen, in denen Sie das Gefühl hatten, Sie werden benutzt?

Das hat es gegeben. Es gibt sogar Leute, die meinen, dass ich daran Geld verdiente. Das finde ich ziemlich komisch.

Eine Plattenfirma wirbt mit einem Klavierkonzert von Ihnen, an dem Sie vor 23 Jahren mitgewirkt haben. War das mit Ihnen abgesprochen?

Nein, das habe ich aus der Zeitung erfahren.

Eine Porzellanfirma preist »den Lieblingsaschenbecher von Helmut Schmidt« an.

Ja, die haben mir einen sehr schönen Porzellanaschenbecher mit einem chinesischen Drachen als Dekor geschenkt; ich habe aber nicht gewusst, dass sie damit Reklame machen wollten.

Wir wollen jetzt auch nicht verschweigen, dass die ZEIT Ihnen zum Geburtstag eine DVD, zwei Sonderhefte und eine Titelgeschichte gewidmet hat. Die hat sich noch besser verkauft als selbst der Obama-Titel.

Ja, es war auch ein bisschen zu viel. Ich habe mich schon in der Konferenz der Politikredaktion über all diese verfrühten Nekrologe beklagt.

Wenn Sie auf die beiden Sonderhefte anspielen – das war das pralle Leben! Zum Beispiel Ihr Gespräch mit Schülern eines Gymnasiums in Hamburg.

Das gehörte ja noch zum normalen publizistischen Alltag. Aber deswegen musste man nicht unbedingt ein Sonderheft drum herum bauen.

Was hat Sie denn an den vielen Würdigungen gefreut?

Was mich sehr gerührt hat, sind eine Reihe von Äußerungen, die ihr in diesem Extraheft abgedruckt habt – von alten Gesprächspartnern, Freunden, Kollegen bis hin zum jetzigen Chef des Weltwährungsfonds und dem ehemaligen Ministerpräsidenten Singapurs, meinem Freund Lee Kuan Yew.

In ein und derselben Woche haben gleich drei große Blätter Sie auf ihrer Titelseite abgebildet: die *ZEIT,* der *Spiegel* und *Vanity Fair*. Haben Sie eine Erklärung dafür, dass Sie so populär sind?

Ich glaube, dass der eigentliche Grund nicht bei mir liegt, sondern dass es ein gewisses Bedürfnis nach Autorität gibt. Wenn man sie in der gegenwärtigen Führungsschicht der Banken, Unternehmen, der Gewerkschaften oder der politischen Parteien und im Parlament nicht ausreichend zu finden glaubt, dann richtet sich die Aufmerksamkeit auf die unterstellte Autorität eines Neunzigjährigen. Wenn ich statt 90 Jahre nur 60 wäre, dann wäre die Aufmerksamkeit ein bisschen kleiner.

Und es ist kein Kompliment für die herrschende politische Klasse.

Weder für die politische Klasse noch für die Klasse der führenden Banker noch für andere Funktionseliten in der Gegenwart.

Die Menschen glauben, wenn gerade jetzt in der Finanzkrise noch Politiker wie Sie aktiv wären, dann gäbe es auch bessere Lösungen.

Wenn Leute das glauben, dann sind sie im Irrtum. Es kann jedoch auch nicht allein auf die Deutschen ankommen, sondern es kommt auf ein Zusammenspiel aller wichtigen Entscheidungsträger in der Weltwirtschaft an; das schließt die Chinesen, die Inder, die Russen, die Japaner, die Brasilianer, die Öl und Gas produzierenden muslimischen Völker und die Europäer ein – darunter auch die Franzosen und die Deutschen. Zu meinen Zeiten ging es nur um die damaligen Industriestaaten. Insofern ist die Welt von heute eine völlig andere.

Sind Sie jetzt nicht ein bisschen zu bescheiden?

Nein, das ist die Wahrheit.

8. Januar 2009

»Man kann Gewalt nicht mit Gewalt ausrotten«

Über Kriege im Namen der Menschenrechte

Lieber Herr Schmidt, über kein Thema haben wir uns so oft gestritten wie über Menschenrechte. Ich gehöre zu jenen, die sagen: Da, wo Unrecht sichtbar wird, gibt es eine Pflicht, den Opfern zu helfen. Ihrer Ansicht nach ist das eine unzulässige Einmischung in die inneren Angelegenheiten eines anderen Staates. Ist das nicht ein Freibrief für jede Form von Unrecht?

Nein. Richtig ist, dass beide Prinzipien Gültigkeit haben, sowohl das völkerrechtliche Kernprinzip der Nichteinmischung in die inneren Angelegenheiten eines anderen Staates als auch das Prinzip der Mitmenschlichkeit. Beide Prinzipien können in Konflikt miteinander geraten.

Ein Beispiel?

Nehmen Sie die gegenwärtige Lage im Osten des Kongos.

Ja, fünf Millionen Tote in den letzten zehn Jahren!

Wenn der Westen sich hier aus Motiven der Mitmenschlichkeit ernsthaft einmischen will, dann müsste er es in ganz großem Maßstab tun, mit Zehntausenden von Soldaten und mit sehr vielen zivilen Helfern. Dann würde sich aber, leider Gottes, sehr schnell herausstellen, dass die entsendenden Staaten mit dieser Mission zugleich auch imperiale und ökonomische Motive verknüpfen. Sie sehen das auch in Afghanistan.

Dort ging es aber vor allem darum, den Terrorismus zu bekämpfen.

Die Intervention in Afghanistan begann nach dem Attentat auf die Zwillingstürme in Manhattan. Die Nato hat sie aus Mitmenschlichkeit gemeinsam mit den Amerikanern unternommen, um der terroristischen al-Qaida den Boden zu entziehen. Das liegt jetzt sieben Jahre zurück. Tatsächlich ist al-Qaida infolge der Intervention nach Pakistan ausgewandert. Jetzt kämpft man gegen die Taliban. Vor Jahren haben aber die Amerikaner die Taliban mit Sprengstoff und Waffen ausgestattet.

Die Intervention im Kosovo gegen ethnische Säuberung – war es da nicht gerade für Deutsche ein moralisches Gebot einzuschreiten?

Das habe ich damals nicht für richtig gehalten, ich glaube es auch heute nicht. Jetzt wird das Kosovo zu einem Staat erklärt, und trotzdem kommen wir da nicht weg. Es ist relativ einfach, den Entschluss zu fassen, in ein fremdes Land einzumarschieren. Aber es ist beinahe unmöglich, wieder abzuziehen, wenn man nicht Mord und Totschlag und Katastrophe hinterlassen will.

Die Alternative zur Einmischung beschreibt das widerliche Wort vom »Ausblutenlassen«.

Nein, das ist falsch. Es gibt immer mehrere Möglichkeiten, dazu gehört auch die militärische Intervention. Aber kaum eine besitzt wirklich positive Erfolgsaussichten. Es ist unausweichlich ein Element der *conditio humana,* dass es Grausamkeit, Verfolgung und Unterdrückung immer wieder gibt.

Sie sind da so pessimistisch?

Die Menschen werden vielleicht eines Tages einsehen, dass man Gewalt nicht mit Gewalt ausrotten kann.

Hat denn der Druck der Weltöffentlichkeit gegen den Vietnamkrieg der Amerikaner nichts bewirkt?

Weniger der Druck der Weltöffentlichkeit als vielmehr die späte Einsicht in die eigenen Interessen Amerikas – unter Hinterlassung von ungezählten zivilen Toten.

Halten Sie internationale Strafgerichtshöfe für eine sinnvolle Einrichtung?

Die theoretische Antwort lautet: ja. In der Praxis läuft es leider darauf hinaus, dass nur diejenigen angeklagt werden, die verloren haben.

Immerhin. Einen Karadžić in Fesseln zu sehen ist doch eine Genugtuung!

Ich empfinde keine Genugtuung, wenn jemand in Fesseln vorgeführt oder gar exekutiert wird. Es gibt eine Reihe von Staaten, wo man aus Gründen der Mitmenschlichkeit eigentlich eingreifen müsste, nicht nur große Staaten wie den Kongo, auch kleine wie Simbabwe oder Somalia. Aber wenn wir uns überall einmischen wollten, wo himmelschreiendes Unrecht geschieht, dann riskierten wir den Dritten Weltkrieg.

15. Januar 2009

Städtebauer, Eisengießer, Hafendirektor

Frühe Berufswünsche.

Lieber Herr Schmidt, wenn man sich Ihre Biografie anschaut, dann hätten Sie auch Städtebauer, Redakteur bei einer Parteizeitung, Eisengießer in den USA, Geschäftsführer der Hamburger Hafen- und Lagerhaus Gesellschaft oder auch Seehafenspediteur werden können.

(Lacht) Das ist wohl richtig.

Dann sind Sie aber doch in die Politik gegangen und schließlich bei der ZEIT gelandet. Welche Rolle haben Zufälle gespielt?

Eine große. Als ich jung war, habe ich mich unter dem Einfluss meiner Schule und des Hamburger Architekten Richard Laage innerlich etwa zehn Jahre lang auf den Beruf des Städtebauers vorbereitet – von meinem 15. Lebensjahr an bis zum Ende des Krieges.

Sie träumten doch davon, Architekt zu werden!

Es zeigte sich auch, dass ich ein ganz kleines musikalisches Talent hatte und ein noch kleineres malerisches. Für den Hauptberuf des Musikers oder Malers waren beide völlig unzureichend.

Machen Sie sich jetzt nicht kleiner, als Sie sind?

Nein, nein. Für einen Beruf reichten die Talente nicht aus. Städtebau aber ist eine Mischung aus Kunst, Ökonomie, Organisation und Planung; das hätte mir sehr gelegen. Nach dem Krieg habe ich mich aber für das Brotstudium der Volkswirtschaft entscheiden müssen, weil man da mit sechs oder sieben Semestern auskam.

Ist Ihnen diese Entscheidung schwergefallen?

Nein. Die Volkswirtschaft hat mir all die Möglichkeiten eröffnet, die Sie genannt haben. Wobei Sie übrigens eine vergessen haben: 1939 war meine Wehrpflichtzeit zu Ende, und ich bewarb mich bei der deutschen Shell, um aus Nazideutschland rauszukommen. Ich wollte als kaufmännischer Volontär nach Holländisch-Indien, heute Indonesien genannt. Mein Vater hatte mir sogar schon einen Zivilanzug gekauft. Wenn der Krieg nicht dazwischengekommen wäre – ich wäre wohl Kaufmann geworden.

Wie konnten Sie Ihre Ambitionen mit dem Brotstudium vereinbaren?

Nach meiner Prüfung hat mir ein Professor vorgeschlagen, noch ein paar Semester dranzuhängen und eine Dissertation zu schreiben. Da habe ich ihm ziemlich arrogant geantwortet, dass ich warten könne, bis mir der Doktortitel ehrenhalber verliehen werde. Zunächst müsse ich aber meine Familie ernähren.

Und Ehrendoktortitel haben Sie dann ja auch etliche bekommen. Wie viele sind es eigentlich?

Ich weiß das nicht genau, wohl an die zwei Dutzend. Aber ich mache davon nie Gebrauch.

Sie hatten ja auch einen schickeren Titel: Bis 1982 waren Sie Bundeskanzler. Und nach dem Misstrauensvotum hofften nicht wenige in der SPD darauf, dass Sie bei den Neuwahlen gegen Kohl antreten würden. Angeblich haben Sie damals wochenlang mit sich gerungen.

»Wochenlang« ist falsch. Ich war von Anfang an abgeneigt und habe schließlich abgelehnt. Aber zwischendurch wurde ich von Parteifreunden moralisch unter Druck gesetzt.

Hätten Sie denn 1983, im Jahr der geistig-moralischen Wende, eine Chance gegen Kohl gehabt?

Gegen Kohl vielleicht. Aber ich hätte meine Partei mit großer Wahrscheinlichkeit nicht auf Kurs bringen können. Das wäre das größere Problem gewesen. Und außerdem fühlte ich mich zu alt.

1994 gab es Spekulationen über Ihr Comeback als Politiker. In einer Biografie heißt es, Sie seien nicht gänzlich abgeneigt gewesen.

Das ist Quitsche-Quatsch – richtiger Unfug!

Bis heute sind Sie der einzige Kanzler gewesen, der nicht zugleich Vorsitzender der Regierungspartei war. Hat Sie dieses Amt nicht gereizt?

Wir hatten ja einen Parteivorsitzenden – und das war Willy Brandt. Es kam für mich nicht infrage, mit ihm in Konkurrenz zu treten.

Sind Karrieren eigentlich planbar?

Das kommt auf den Beruf an. Berufspolitiker, die ihre Karriere planen wollen, können mir gestohlen bleiben.

22. Januar 2009

Die letzte Zigarette

Über Abschiede

Lieber Herr Schmidt, ich verhehle nicht, dass ich heute traurig bin: Es ist unser letztes Zigarettengespräch. Warum müssen wir denn aufhören?

Ich hatte Ihnen doch von Anfang an gesagt, dass wir diese Kolumne zeitlich begrenzen müssen.

Ich weiß, Sie haben auch schon dreimal verlängert. Trotzdem ist es schade.

Sie werden sich daran erinnern, dass ich von Anfang an Bedenken gegen diese »Zigaretten-Interviews« hatte, weil sie der Kürze wegen zwangsläufig dazu führen, dass man auch schwergewichtige Themata mit leichter Hand behandeln muss. Ich habe diese Bedenken zu Beginn überwunden und inzwischen auch Vergnügen an der Gesprächsform gehabt. Aber letzten Endes bin ich für das Entertainment schlecht geeignet.

Ich finde nicht, dass Sie als Entertainer rübergekommen sind. Aber wenn Sie unterhaltsam waren, dann wirkte das ausgesprochen gekonnt.

(Helmut Schmidt lacht) Ich bin eben auch gelernter Staatsschauspieler.

Waren Sie denn überrascht von der enormen Resonanz?

Nein, weder überrascht noch erschreckt. Aber ich hatte Gerd Bucerius, unserem Gründungsverleger, heute vor einem Vierteljahrhundert versprochen, jedes Jahr einige größere, tragende Artikel für die *ZEIT* zu schreiben. Das habe ich auch durchgehalten. Und darauf möchte ich mich künftig konzentrieren.

Mein Eindruck ist, dass Ihnen Abschiede ohnehin immer leichtgefallen sind.

Am allerleichtesten ist mir 1945 der Abschied von der Wehrmacht gefallen.

Schwer zu glauben aber ist, dass Ihnen der Verlust der Kanzlerschaft nicht schwergefallen sein soll.

Doch! Ich habe mich im Laufe des Lebens schon relativ früh zur Gelassenheit erzogen, und in Abschiedssituationen braucht man nichts mehr als Gelassenheit.

Sind Sie jemand, der auch aus der Trauer schnell wieder herauskommt? Sie haben so viele Menschen verloren.

Ich habe viele Freunde im Laufe des Lebens verloren, viele Partner, die älter waren und schon lange tot sind, auch jüngere. Das gehört zu den Dingen, die man nicht ändern kann.

Gewöhnt man sich an Trauerfälle, wenn man älter wird?

Wenn man das nicht kann, ist man arm dran.

Aber manche Trauerfälle trägt man das ganze Leben mit sich herum. Sie sind nicht zu verwinden.

Trotzdem muss man sie ertragen. Die Natur oder der liebe Gott oder aber meine Gene, wie Sie wollen, haben mich seit Beginn meines Erwachsenenlebens zum Arbeitstier gemacht. Ich hatte immer zu arbeiten, da konnte ich mich nicht sonderlich der Trauer hingeben.

Gibt es eigentlich eine Aufgabe in Ihrem Leben, die Sie sich vorgenommen, aber nicht erfüllt haben?

Ich hatte Gerd Bucerius vorausgesagt, dass die *ZEIT* eines Tages eine Auflage von einer halben Million erreichen würde. Das hat Bucerius dann zweimal noch miterlebt, einmal Anfang 1991 und einmal Anfang 1993. Jetzt, sehr viel später, im letzten Quartal des Jahres 2008, hat sich dieser Erfolg wieder eingestellt.

Ist Eigenlob jetzt am Ende nicht ein bisschen peinlich?

Nein, das lassen Sie mal stehen. Ich will nämlich diese Meldung mit einer Anmerkung versehen, die nicht allen gefallen wird. Ich glaube, dass der Erfolg damit zusammenhängt, dass die *ZEIT* immer wieder Denkstücke anbietet, die kein Internet und kein Onlinejournalismus ersetzen kann. Den Satz würde ich drucken.

Welche Tätigkeit hat Ihnen die größte Freude bereitet im Leben?

Musik hören.

Welche Musik?

Zum Beispiel Glenn Gould. Und zwar nicht Beethoven, sondern Bach.

29. Januar 2009

Inhalt

9 »Was Sie mich wieder sagen lassen«
Über die Zigarettengespräche mit Helmut
Schmidt

13 »Lob ist, wenn er gar nichts sagt«
Ein Gespräch mit der Sekretärin von Helmut
Schmidt

16 Meinetwegen auf dem Mond
Über Gipfeldiplomatie

19 Wie eine Herde Schafe ...
Über die notwendige Kontrolle der Finanzmärkte

23 Ein Onkel in Minnesota
Amerikaner und Antiamerikaner

26 Ein sehr bunter Gockel
Über die Kunst

30 »Die SPD: allzu prinzipientreu«
Über das Notwendige in der Politik

34 Was der Krieg leider lehrt
Verpasste Jugend und kaum Rebellion

37 Passt das Hemd zum Anzug?
Über die Nutzlosigkeit politischer Talkshows

40 **Ein Urwald in Schleswig-Holstein**
Urlaub am Brahmsee

43 **Eine unglückliche Geschichte**
Polen und die Kaczyńskis

47 **Einmal die Woche Fleisch**
Der Wert von Lebensmitteln

50 **Backstein und Brutalbeton**
Über Architektur

53 **»Kriminalität lässt sich nicht total beseitigen«**
Über Sicherheit und Ordnung

56 **»Das Essen ist mir egal«**
Über Staatsbankette

59 **»Ich war hart genug«**
Über Machtworte in der Politik

63 **»Ich bin kein ängstlicher Mensch«**
Über persönliche Sicherheit

66 **»Ich kann keine Texte behalten«**
Über Politik und Rhetorik

69 **»Drüben am Walde kängt ein Guruh«**
Über Herbst, Poesie und abwegige Sentimentali-
täten

72 **Terrorismus und Panikmache**
Gegen Übertreibungen

75 **Man muss sie nehmen wie das Wetter**
Über Journalisten

79 **Skilaufen war zu teuer**
Über den Sport

82 **Vor Loki gab es keine**
Über Erwachsenwerden und erste Liebe

85 **Wachsende Autoschlangen**
Stippvisite in Moskau

88 **Den inneren Schweinehund überwinden**
Über das Schreiben

91 **Von der Kubakrise zum Nato-Doppelbeschluss**
Über atomare Bedrohung

94 **»Die Oper – eine nicht geglückte Kunstform«**
Musikalische Vorlieben 1

98 **»Ich bin ein Freund des Jazz«**
Musikalische Vorlieben 2

102 **Lauter alte Freunde**
Die letzte Reise in die USA

105 **Erratische Entgleisungen**
Über Herbert Wehner

108 **»Das Einkommen einiger Finanzmanager ist unanständig«**
Geld verdienen in Politik und Wirtschaft

112 **»Eigentlich musst du mal den Koran durchlesen«**
Über Bücher

117 »Die Strafe muss auf dem Fuße folgen«
Jugendliche und Gewalt

120 »Weil bei den Kommunisten die Streichhölzer
knapp sind«
Über Politikerwitze

124 »Ich bin kein öffentliches Vorbild«
Übers Rauchen

128 Italienische Zustände?
Über das deutsche Parteiensystem

131 Die Sehnsucht nach Machern
Über Politiker und Charisma

134 »Ich habe nie einen Döner bestellt«
Über Ausländer in Deutschland

137 »Ich beneide Großeltern«
Über Kinder

141 »Ich hatte eine freche Klappe«
Glückliche Jahre in der Reformschule

145 »Menschen lassen sich gern täuschen«
Über Dichtung und Wahrheit in der Politik

148 Ein Bad in der Woche genügt
Über das Wasser

152 »Es hat nichts gebracht«
Sinn und Unsinn eines Olympiaboykotts

157 Tausend Orden, aber nie im Krieg
Über Uniformen und andere Kleidungsstücke

160 »Ich habe ihn bewundert und geliebt«
Über Herbert von Karajan

164 »Das Gehalt bestimmen Sie selbst«
Ein Vierteljahrhundert bei der *ZEIT*

168 Lesen und lesen lassen
Über Zeitungen und Journalisten

172 Eines Tages streiken sie auch in China
Über Gewerkschaftsmacht

176 »Ich habe mich nie als Rentner gefühlt«
Über das Alter 1

179 »Das Wort ›abschieben‹ würde ich nicht gelten
lassen«
Über das Alter 2

183 »Nach zwei Minuten habe ich sie weggescheucht«
Über die Arbeit von Fotografen

186 Ein Pilotenkoffer voll Papier
Über Briefe und E-Mails

190 »Die können mich nicht erschrecken«
Über alte und neue Nazis

193 Der Grundsatz der Verhältnismäßigkeit
Über Bundeswehreinsätze im Inneren

196 »Ich schätze jeden Widerspruch«
Über Führung

199 **Nicht mal die Liebe ist ohne Risiko**
Pro und kontra Kernkraft

202 **Bloody Mary ohne Pfeffer**
Über Trinkgewohnheiten von Politikern

206 **»Ganz rauskommen darf man nicht«**
Politiker in den Ferien

211 **Schifffahrt vor Stockholm**
Über den Club der Ehemaligen

214 **Ein Bürger namens Schmidt**
Wahlkampf in den Fünfzigern

218 **Lale Andersen, Grace Kelly und die Dietrich**
Ikonen der frühen Jahre

221 **Schweinesülze und Labskaus**
Über Essgewohnheiten

225 **»Ein paar Zentimeter links von der Mitte«**
Die Gefährdung des Sozialstaates

229 **»Sensibilität für die politischen Gefühle der Russen«**
Über Imperialismus

233 **All die kleinen Schweinchen ...**
Telefonüberwachung und Datenklau

237 **Der Takt des Herzschrittmachers**
Über Ärzte und überflüssige Ratschläge

241 **Und dann gibt es noch die Investmentbanker ...**
Über die Finanzkrise

244 Eine Viertelstunde James Bond
Bildung und Unterhaltung im Fernsehen

248 »Auf der Universität habe ich nur wenig
gelernt«
Über Bildung

251 »Entschuldigung, Frau Schmidt«
Über Schach, Galanterie und kleinbürgerliche
Bescheidenheit

255 »Das meiste ist doch sehr lustig!«
Über Schmähbriefe

258 Mit Tempo 104 nach Bonn
Übers Autofahren

261 Eine rote Rose von Loki
Über den 90. Geburtstag

265 »Die einzige Oase im Dritten Reich«
Erfahrungen unter Künstlern

269 »Einen Baum haben wir nicht mehr«
Über Weihnachten

272 »Je älter man wird, desto weniger Angst muss
man haben«
Über Liebe, Leben und Tod

278 Pflichterfüllung und innere Gelassenheit
Über Mark Aurel

281 Zu viel Gedöns
Über den Rummel zum 90. Geburtstag

284 »Man kann Gewalt nicht mit Gewalt ausrotten«
Über Kriege im Namen der Menschenrechte

287 Städtebauer, Eisengießer, Hafendirektor
Frühe Berufswünsche

291 Die letzte Zigarette
Über Abschiede

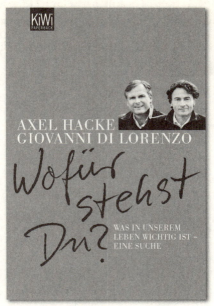

Axel Hacke/Giovanni di Lorenzo. Wofür stehst Du?
Was in unserem Leben wichtig ist – eine Suche.
KiWi 1241. Verfügbar auch als eBook

Axel Hacke und Giovanni di Lorenzo haben zusammen ein ungewöhnliches Buch geschrieben. Sie stellen die große Frage nach den Werten, die für sie maßgeblich sind – oder sein sollten. Statt aber ein Handbuch der Alltagsmoral zu verfassen, haben sie vor allem in ihren eigenen Biografien nach Antworten gesucht.

»Ein Buch über die Angst und darüber, wie man ihr standhalten kann« *Frankfurter Allgemeine Zeitung*

www.kiwi-verlag.de